21世纪高等学校数字媒体艺术专业规划教材

交互媒体设计

吴振东 艾小群 编著

清华大学出版社
北京

内 容 简 介

强调交互与体验已成为21世纪设计发展的新常态,本书对互动媒体设计的基本概念、设计方法、创作流程进行讲解。通过大量原创与国内优秀实践案例进行分析,内容覆盖了APP互动应用、三维互动应用、互动游戏、虚拟现实设计等交互媒体的主要方面,丰富了交互媒体设计学科领域的内容与外延,着力构建交互媒体设计专业的知识结构。全书共5章,理论与实践项目相结合,资料丰富、图文并茂、内容前沿、紧贴一线教学,全部案例的高清视频与可执行程序均置于配套光盘供读者查阅,同时为便于教师教学,本书配套资料、所有章节PPT均可在清华大学出版社网站下载。

本书适用于高等院校设计、动画、新媒体、交互专业领域本科生、研究生及相关实践领域的设计师,也可作为交互媒体设计爱好者的参考书。

本书封面贴有清华大学出版社防伪标签,无标签者不得销售。
版权所有,侵权必究。举报:010-62782989,beiqinquan@tup.tsinghua.edu.cn。

图书在版编目(CIP)数据

交互媒体设计/吴振东,艾小群编著. —北京:清华大学出版社,2016(2022.9重印)
(21世纪高等学校数字媒体艺术专业规划教材)
ISBN 978-7-302-44325-4

Ⅰ. ①交… Ⅱ. ①吴… ②艾… Ⅲ. ①多媒体—设计 Ⅳ. ①G206

中国版本图书馆 CIP 数据核字(2016)第 164361 号

责任编辑:魏江江　薛　阳
封面设计:常雪影
责任校对:梁　毅
责任印制:沈　露

出版发行:清华大学出版社
　　　　网　　址:http://www.tup.com.cn, http://www.wqbook.com
　　　　地　　址:北京清华大学学研大厦A座　　邮　编:100084
　　　　社 总 机:010-83470000　　邮　购:010-62786544
　　　　投稿与读者服务:010-62776969, c-service@tup.tsinghua.edu.cn
　　　　质量反馈:010-62772015, zhiliang@tup.tsinghua.edu.cn
　　　　课件下载:http://www.tup.com.cn, 010-83470236
印 装 者:涿州汇美亿浓印刷有限公司
经　　销:全国新华书店
开　　本:185mm×260mm　　印　张:7.25　　字　数:177千字
版　　次:2016年10月第1版　　　　　　印　次:2022年9月第9次印刷
印　　数:5501~6000
定　　价:29.50元

产品编号:064072-01

前 言

随着互联网技术、三维技术、虚拟现实技术等信息技术的蓬勃发展,设计作品的形态不断的发生着新的变化,数字化技术完成了从"辅助设计"到"创造设计"转变的全过程,强调交互与体验已成为了21世纪以来的设计发展的新常态。

交互媒体设计是近年来,随着信息时代带来出现的新的设计类型。维基百科定义交互媒体为协同媒体,是指用户能够主动、积极参与的媒体形式,也就是交互性。交互广义上是指两类事物之间的关联与沟通,狭义上在IT时代主要指人机交互。通过广泛而深刻的人机交互,人们的生活体验得以更新与丰富。

因此,在这样的时代大背景下,交互媒体设计具有强调设计与技术的融合,重视用户体验与创新的专业属性。本书对交互媒体设计的基本概念、设计方法、创作流程进行介绍,贴合实践进行剖析。诚然,作为新兴的方向,其学科基本定义、研究方法、实践内涵等都还未形成完整系统的专业定义。我们在本书的撰写中,采取了"摸着石头过河"的想法,主要是将近年的一些实践探索进行整理,希望起到抛砖引玉的作用,众多不足之处还请读者不吝指教。

本书获以下教学科研基金项目资助:
教育部人文社会科学青年基金项目(17YJC760001)
国家精品在线开放课程《构美—空间形态设计》
国家自然科学基金资助项目(51808232)
华侨大学2018年校级教学团队:工业设计慕课应用型本科教学团队建设成果之一
2019华侨大学创新创业教育改革项目《虚拟现实设计创新方法与实践》

编者
2016年5月

目 录

概 述 篇

第1章 外部因素 ………………………………………………… 3
  1.1 社会背景 …………………………………………………… 3
  1.2 技术进步 …………………………………………………… 4
  1.3 媒体发展 …………………………………………………… 5

第2章 内核特征 ………………………………………………… 9
  2.1 互动方式 …………………………………………………… 9
  2.2 技术支撑 …………………………………………………… 11
  2.3 产品类型 …………………………………………………… 14
  2.4 载体平台 …………………………………………………… 15

第3章 设计方法 ………………………………………………… 16
  3.1 以用户为中心的设计 ……………………………………… 16
  3.2 目标导向设计 ……………………………………………… 17
  3.3 体验式设计思维 …………………………………………… 19
    3.3.1 体验的深度 …………………………………………… 22
    3.3.2 体验的类型 …………………………………………… 23
  3.4 用户模型与设计 …………………………………………… 24

第4章 设计流程 ………………………………………………… 25
  4.1 战略认知 …………………………………………………… 25

4.2 体系建构 …………………………………………………………… 28
4.3 行为实现 …………………………………………………………… 30
4.4 视觉感知 …………………………………………………………… 32

案 例 篇

第 5 章 设计实践 ………………………………………………………… 37

5.1 互动信息可视化设计 ……………………………………………… 37
    5.1.1 印象鼓浪屿——院门文化数字展示设计 ……………………… 43
    5.1.2 华侨大学数字校园交互系统设计 ……………………………… 49
5.2 文化遗产数字化展示设计 ………………………………………… 54
    5.2.1 胤禛美人图——数字化文化遗产展示应用 …………………… 54
    5.2.2 黔东南苗族服饰数字化视觉设计 ……………………………… 66
    5.2.3 闽南古厝建筑结构数字化展示 ………………………………… 76
5.3 商业应用设计 ……………………………………………………… 83
    5.3.1 乐居 3D——家居家具演示交互系统 …………………………… 84
    5.3.2 衣范儿——试衣搭配应用平台 ………………………………… 92

概 述 篇

PART 1

交互媒体(Communication Media)在维基百科全书(Wikipedia Encyclopedia)中被定义为协同媒体(Collaborative Media),是指用户能够主动、积极参与的媒体形式,也就是具有互动性的媒体。交互媒体设计是基于信息化,以视觉展示、体验行为为重点的新兴媒体产品。它将传统的单媒体和多媒体传播形式进行科技化应用,它改变的不仅仅是一种传播形式,更是一种传播理念。从传统的复制式的传播形式转换到以体验的满足感为中心,注重分享,将传播信息与消费者的距离拉近,在此过程中体验者很自然地接受了设计产品中传递出的信息内容与元素,从而达到一种互动的情感共鸣。

一般信息理论将互动媒体描述为能够建立用户双向沟通的媒体。

从技术层面来说,主要采用计算机交互式综合技术和数字通信网络技术,处理媒体文本、图形、图像、视频和声音,使多种信息建立逻辑连接,集成为一个交互系统,这种交互系统概括地称为"互动多媒体"(图0.1)。产品类型最常见的就是数字媒体视频和软件服务设计。交互媒体设计是软硬件配合完成的,软件设计需要良好的硬件展示与播放,两者互相呼应才是一个完整的设计。现今大部分展示平台还是计算机和移动终端,因此这本书主要涉及软件设计这部分信息内容。

图0.1 互动媒体组成元素

交互媒体设计具有融合交叉的特性,有其专攻之域,无界定之界,这也是当今信息时代对设计提出的要求,值得去探索。

第1章 外部因素

1.1 社会背景

当下经济形势和信息科技的革新带动社会意识形态的变化,进而影响设计思维的创新、设计形式的多元化、设计方式的改变。

首先需要明确当下经济环境是体验式经济模式。体验经济(The Experience Economy)是从生活与情境出发,塑造感官体验及思维认同,以此抓住人们的注意力,改变消费行为,并为商品找到新的生存价值与空间。体验经济是以服务作为舞台,以商品作为道具来使顾客融入其中的社会演进阶段。体验经济由于设计产品及服务被赋予个性化和定制化的属性,过程既值得记忆,也是一种体验方式,而且能够产生经济给予,它创造的价值来自个人内在的反应。体验一直存在于我们的周围,只是现在才开始将它作为一种独特的经济提供物的形式来对待(图1.1)。

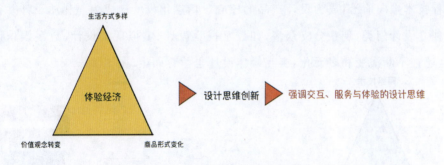

图1.1 体验经济带来的设计新思维

经济形态影响受众的心理,也促进设计多元化发展,非物质化的信息艺术设计就是在没有实体产品的情景下,以逻辑合理的体验行为,信息交换秩序的优化模式为设计重点。

1.2 技术进步

20世纪后期,预言家托夫勒在《第三次浪潮》一书中预测人类社会必将在工业社会后迈入信息化社会,美国麻省理工学院的尼葛洛庞帝教授在《数字化生存》一书中从比特时代、人性化界面和数字化生活三个层面描绘了数字化给人类生活带来的巨大变革。信息技术对艺术设计这一社会意识形态的影响,按时间大致可分为三个阶段。20世纪50年代初,计算机辅助绘图(Computer-Aided Graphics,CAG)阶段,计算机绘图是计算机图形学的一个分支,它的主要特点是给计算机输入非图形信息,经过计算机的处理,生成图形信息输出。20世纪60年代,计算机辅助设计(Computer-Aided Design,CAD)阶段,这是交互式计算机图形学发展的最重要时期,是将计算机通过人工智能渗透到设计思维和设计表达中,运用二、三维图形生成技术记录和表现海量的设计内容,信息技术已经成为设计的组成部分。20世纪70年代,计算机图形学理论及计算机绘图技术日趋成熟,并得到了广泛应用。20世纪90年代开始,数字化设计(Digital Design)阶段,综合了设计学、计算机图形图像学、传播学、心理学、媒体学,伴随仿真技术和三维动画能力的成熟,辅助设计的表现已不能满足设计和受众的需求。信息科技为设计打开了新的维度,打破原先的设计架构,在背后的隐性设计也可以成为设计的外在表现,"比特"为DNA的数字化设计将工程技术推向前沿,成为设计产品的核心。信息化设计已成为与物质设计并行发展的独立设计门类,现在分支众多,如数字视觉设计、虚拟现实设计、数字娱乐设计等,且还在不断演变和多元化,交互媒体设计也孕育而生(图1.2)。

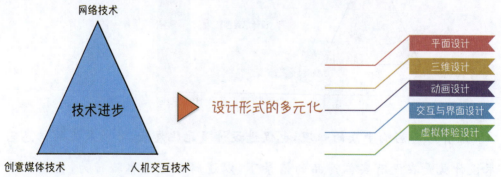

图1.2 技术革新推动设计的多元化

信息技术对于艺术设计从辅助工具发展为独立学科。

表现形式从二维图像到三维、多维虚拟空间。

视觉形式从平面到动态表达再到互动设计。

1.3 媒体发展

媒体(Media)是指两者之间的中介,一般是指承载与传递信息的综合载体,载体可以是物质形态或者是技术手段的媒体,是集文字、图形图像、声音、动画等多种信息形态的媒介于一体的综合体。

传播是媒体的主要目的,通过有意义的符号进行信息传递、信息接收或信息反馈的活动。

传统的4大媒体分别为:报纸,杂志,广播,电视。

网络时代,逐渐衍生出新媒体,也称为"数字媒体",包括互动媒体、非互动媒体和社会化媒体等。从出现的先后顺序来划分:报纸刊物应为第一媒体;广播应为第二媒体;电视应为第三媒体;互联网则应被称为第四媒体;移动网络应为第五媒体。其中,互联网和移动终端属于新媒体范畴(图1.3)。

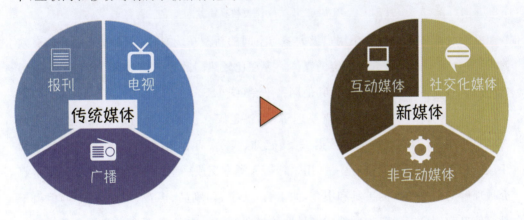

图1.3 传统媒体与新媒体

关于新媒体(New Media)确切的定义,因其外延还在不断发展,业界和学界尚未达成共识。联合国教科文组织对新媒体的定义就是网络媒体。清华大学熊澄宇教授认为新媒体是"以数字技术为基础,以网络为载体进行信息传播的媒介"。业界更强调其互动特性,Online 杂志给"新媒体"的定义是由所有人面向所有人进行的传播(Communications for all, by all)。传统媒体使用两分法把世界划分为传播者和受众两大阵营：作者和读者，广播者和观看者，表演者和欣赏者。新媒体与此相反，它使每个人不仅有听的机会，而且有说的条件。新媒体实现了前所未有的互动性（图1.4）。

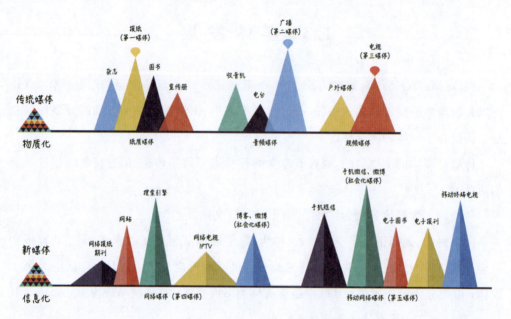

图1.4　传统媒体与新媒体分类

　　社会化媒体是一种给予用户极大参与空间的新型在线媒体，如果缺乏用户的有效参与，平台基本上就是毫无内容的媒体。现在比较热门的有微信、博客、微博、维基、播客、论坛、社交网络、内容社区及其他网络平台(图1.5)。

　　有一个与媒体类似的概念需要理解，那就是媒介。根据美国信息技术标准词典ANSDIT的界定，媒介即表示数据采集、感知、表示、显示、存储、传输的方法、载体和手段。从广义的层面而言，是一种用来传播人类意识或一组排列有序的载体。通常媒介被理解为信息传播的工具和中介，如语言、文字、印刷品、声音、各种影像等，但由于任何信息都不可能脱离物质性或能量性的媒介而裸露地存在，任何信息都必须附着于一定的媒介获得现实地展现。因此，实际上媒介已不仅仅是传递信息的工具和中介，更是信息的存在性要素。加拿大著名传播学者麦克卢汉（媒介环境学的代表人物）表示：媒介即信息。这一观点从社会发展的宏观视角来理解，强调媒介技术的发展与社会变迁之间的关系，媒介形态其实是讯息中的信息（或信息中的信息，更本质更重要），

图1.5 社会化媒体分类

是社会发展的基本动力之一。媒介本身的存在改变了人类认知世界、感受世界和以行为影响世界的方式,而媒介传递的内容信息与媒介本身对人类社会发展带来的影响相比,则是相对次要的。每一种新媒介的出现都开创了人类社会新的生活方式和信息交换的行为。现今新媒体(数字媒体)出现后发生的一系列变化,真正带来变革的正是媒介本身的出现,而不是其中传递的内容信息。

媒体媒介是指使人与物质发生关系,媒介强调工具性,媒体具有社会性意义。

计算机是一切数字媒体、新媒体的"元媒体"。计算机作为智能工具,在一定程度上自适应环境、自主实现运算,与其他工具交叉应用,加速了媒体的多样化、智能化、自动化的进程(图1.6)。

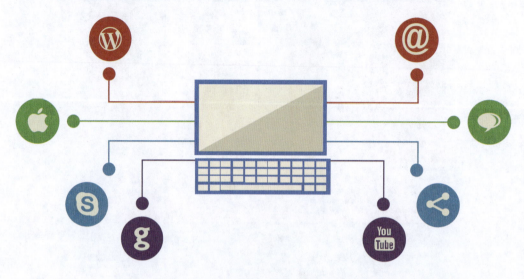

图1.6　计算机是元媒体

　　数字媒体的基本构成单位是"比特"或"数元",是一种非物质、非能量的东西。比特没有色彩、尺寸、重量和体积,能以光速传播,但却能将这些性能表示出来。数字技术将各种文字、图形、图像、声音、视频影像和动画信息转化为计算机能识别的二进制数字"0"和"1"后进行运算、加工、存储、还原,0和1被称为信息的DNA,1个信息DNA为1个比特(bit),数字技术将一切信息数字化,任何信息的呈现无非是0和1的排列组合而已。

　　加拿大著名传播学大师麦克卢汉(Mcluhan)认为"媒体是人体的延伸"。现今的互动媒体,令数字化产品承载更多的物质信息和情感能量,并赋予表达能力,人们渴望深度参与和交流,媒体更加智能化,而不是线性的疏离和一成不变的序列模式,媒体正在向广泛、深度卷入和参与转变。

第 2 章　内核特征

2.1　互动方式

1. 人机互动

广义的"交互"是指自然界与人类社会中事物之间的相互作用和影响,在社会生态的意义上,交互首先指人与人之间的互动关系,由社会的组织方式与运行机制所决定,围绕社会角色而展开[①]。信息艺术设计中所提及的交互,主要指人机之间的交互方式(Human-Computer Interaction,HCI)。人机交互源自认知心理学,其理论基础是软件工程和设计方法学,是关于设计、评价和实现人们使用的交互方式的计算系统[②]。著名设计公司 IDEO 的创始人比尔·莫格里奇(Bill Moggridge)是世界上第一台笔记本电脑 Grid Compass 的设计师,他率先将交互设计发展为独立的学科。他指出:数字化技术已经改变了人和产品之间的交互方式,信息时代中交互产品的设计不再是一个造型为主的活动,不只是设计出精美和实用的物体,设计更关注人们使用产品的过程。传统艺术设计注重"物的造化"、"功能至上",外形、色彩、材质、形式都以追求效用为目的。当今设计核心是个人,在《数字化生存》中,尼葛洛庞帝把数字化生存带来的分权和赋权效应比喻为"沙皇退位、个人抬头"。数字化交互性体现在人与媒体之间信息反馈的过程,数码设备能够接收到人的操作行为、身体语言甚至是心理感受并给出相应的效应,因而人和媒体之间是一种双向传播。在这一过程中,受众根据自身的要求"发出"信息和操控设备,产品"收到"信息后给出具体的反馈,信息之间可以反复序列地交换,是一个有机智能的循环过程。交互

[①] 黄鸣奋.新媒体与西方数码艺术理论[M].上海:学林出版社,2009.

[②] Jennifer Preece, Yvonne Rogers and Helen Sharp. INTERACTION DESIGN beyond human-computer interaction. John Wiley&Son,Inc. 2002.

性是互动媒体设计最本质的特征,设计师需要对客户使用产品的可承担性(Affordance)①适时把握,强化人机交互的合理性和人性化,使设计元素在反馈活动中,被受众接受,达到设计意图。现在计算机不仅是工具,更是人们身体的伙伴,设计师们都致力于让计算机认识用户,明白用户的需求,了解用户的喜好,读懂用户的表情和肢体语言等。

2. 人机互动+网络自组织(群体互动)

除了用户与产品之间的互动,互动媒体设计也可引发人群交互、社群交互等。

传统的媒体采取的是"播出"的形式,内容由媒体向用户传播,单向流动。而互动媒体的优势在于,内容在媒体和用户之间双向、多向传播,这就形成了一种新的反馈与互动。网络作为一种新兴的虚拟空间,已经创造出一系列新的运作机制,普及了多种媒介综合的传递方式,改变以往"一点对一点"、"一点对多点"的形式,"多点对多点"的传播方式激发了网络群体新的交互方式(图2.1)。

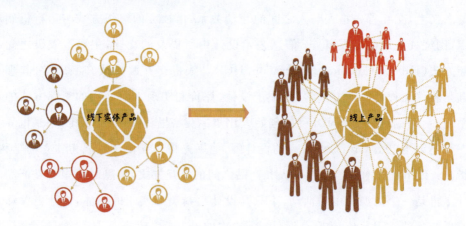

图2.1 网络群体的交互方式

网络自组织是交互媒体设计产生的重要土壤,在里面蕴涵着很多设计的契机和客户群体。交互媒体设计的交互性特点,不单指人与产品之间的互动,还包括通过设计搭建一个平台让用户形成自组织,推进产品的进步。传播方式不是复制而是共享。传播渠道不是树状的权威结构,而是网状的

---

① "Affordance"这个词是知觉心理学家 J. J. Gibson 1972 年创造的,他用这个词来描述一位行为者(或者人或者动物)面对世界的万物之间存在或潜在的互动行为属性。Affordance 指的是环境(environment)中会直接影响生物行为的特性,这种影响互动行为的特性是来自环境与生物两者本质上的相互呼应所产生。借此特性,生物可以直觉地"知道"环境给予它的各种行为可能,在 Gibson 看来,Affordance 是一种互动关系。

多元结构。

"自组织"是系统科学的一个概念,是指在系统实现的空间的、时间的或功能的结构过程中,没有外界的特定干扰,仅是依靠系统内部的相互作用来达到的系统。自组织系统形成的各个结构并非是外界直接强加给系统的,而是以非特定的方式作用于系统[1]。"网络自组织"是通过网络而自发形成的协作群体或自服务群体,其根源在于网络空间特定产品关系中可以被感知的数据或知识。

互动媒体设计几乎都加入了分享、社群互动、留言、论坛等功能,给予用户极大的自主权,让用户享有更多的选择权利和编辑能力,自行集结成某种阅听社群。用户在使用媒体产品的同时也参与到产品的生产过程中,增强产品与用户的粘连度。这就是 UGC(User Generated Content)用户消费内容同时也生产内容[2],即用户能够随时创造媒体内容,并通过互联网平台进行展示或者提供给其他用户。这种集设计者、销售者、消费者于一体,构建一种全新交互传播关系,三者的界限不再分明,产生双向的、去中心交流的网络自成系统,成为产品设计与消费的重点。这也是媒体产品重要的商业模式和收入来源,通过用户保有量推广新的业务及获得广告收益。Web 2.0 的"教父"克里斯·安德森(Chris Anderson)在"长尾"理论中提到:"当可供选择的产品极大丰富,用户需求的多样性和消费意向的小众就格外明显。"新方式运作的电子媒介,能满足个人使用产品之外的身份感、归属感、群体感的需求。而这种需求体现在"物"的智能化信息沟通中,受众的感知极大丰富,并带来可持续性创新活动。

2.2 技术支撑

技术是媒体产品的支撑,所有意向和设计,最终回归到技术层面寻求实现方法与手段。交互媒体设计是一个新兴的、创造性的设计活动,有着多重学科的交叉属性。总地来说,可以将其技术支撑分为三大类:交互设计、视觉设计与计算机媒体技术,三者互相配合、互为表里。

---

[1] 徐国志,顾基发,车宏安. 系统科学[M]. 上海:上海科技教育出版社,2010.
[2] UGC 是伴随着以提倡个性化为主要特点的 Web 2.0 概念而兴起的,用户自身能够随时创造媒体内容,在网络中组建组织。UGC 并不是某一种具体的业务,而是一种用户使用互联网的新方式,即由原来的以下载为主变成下载和上传并重。

1. 交互设计

（1）用户体验设计（User Experience Design）：关注的是用户的行为习惯和心理感受，软硬件使用的便捷及舒适度。对用户体验有正确的预估；认识用户的真实需求和目的；在功能核心还能够以低成本加以修改的时间内对设计进行修正；保证功能核心人机界面之间的协调工作。

（2）信息架构设计（Information Architecture）：是有关内容的结构设计，即如何以最佳的结构和导航方式诠释内容，以便用户能够方便、快捷地找到他们所需要的信息。

2. 视觉设计

（1）视觉传达设计（Visual Communication Design）：是通过创造一种视觉语言（字体、颜色、网站、界面布局、印刷品排版等）来传达内容信息。

（2）动态图形设计（Motion Graphics）：动态图形指的是"随时间流动而改变形态的图形"，是一种融合了电影与图形设计的语言，是基于时间流动而设计的视觉表现形式。动态图形有点儿像是平面设计与动画片之间的一种产物，动态图形在视觉表现上使用的是基于平面设计的形式，在技术上使用的是动画制作手段。

（3）动画设计（Animation Design）：动画广义上指的是一段持续播放的序列帧图片，利用人眼的视觉暂留现象而形成动画。在互动媒体设计中，动画的内容极大丰富了互动者的体验，动画包括人物动画、环境动画、界面动画等。

（4）三维设计（3D Design）：将信息内容构建成三维模型与动画。三维模型相较于二维模型更加具有空间纵深感，极大地增强了空间表达能力，提高了互动体验的深度与广度。

3. 计算机媒体技术

（1）跨平台技术（Cross-Platform Technology）：跨平台指的是使互动程序能够运行在一个或者多个软、硬件平台的技术。当下软、硬件蓬勃发展，也给交互媒体设计的展示与传播带来了新的机遇与挑战。

如今主流互动设备平台包括桌面平台、移动端、VR 与网页端等。一个好的互动程序应该考虑在这些平台上都能运行。并随着设备尺寸与操作方式的变化而进行设计的变化，从而更好地提高用户的体验（图 2.2）。

（2）GUI 技术（GUI Technology）。图形用户界面（Graphical User Interface，GUI）是指采用图形方式显示的计算机操作用户界面。GUI 技术主要通过不同的

图 2.2　现今主流的互动设备平台

GUI 控件,实现人机的交互,达到自然、易理解、美观等功能需求。

(3) 体感技术(Somatosensory Technology)。体感互动是通过硬件互动设备、体感互动系统软件以及三维数字内容,来感应站在窗口前的观看者,当观看者的动作发生变化时,窗口显示的画面同时发生变化。体感互动系统能够将运动与娱乐融入人们的生活中。操作者可以通过自己的肢体去控制系统,并且实现众多的互动功能。体感技术使人们能够捕捉人体的手势、姿势、语言、声音等,并对计算机发出相应的指令,以此产生复杂的互动行为。

计算机媒体技术还需要一些辅助学科知识。

(1) 认知心理学(Cognitive Psychology)。它主要研究认知过程,如注意、知觉、想象、记忆、思维和语言,将人看成一个信息加工系统,认知就是信息加工,包括感觉输入编码、储存和提出的全过程。

(2) 人因工程(Human Factors)。它是通过研究人的心理、身体和生理特征来保证产品的针对性和可用性。人和机器及环境的相互作用,优化各种设计因素,以实现三者之间的最佳匹配,使处于不同条件下的人能有效地、安全地、健康地和舒适地进行人机交互等问题的学科。

互动媒体设计的技术支撑如图2.3所示。

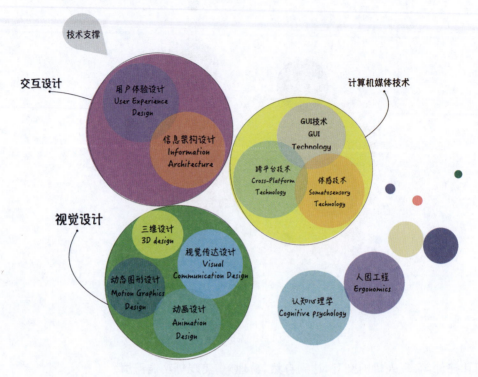

图2.3 互动媒体设计的技术支撑

2.3 产品类型

（1）商业应用类：主要针对商业推广、品牌传播类的应用，强调商业上的创新与可行性，利用互动媒体的交互、体验性较好的特点对于商业运营手段与形式进行再创新、微创新的一种互动设计类型。

（2）文化传播类：主要针对文化推广、传播类的方式、手段进行数字化再设计活动，强调传播过程的双向互动与视觉体验。

（3）数字互动娱乐类：主要针对以动漫、网络游戏等基于数字技术的文化产业，强调互动性与寓教于乐的特点，在此与数字游戏的单纯娱乐性进行区分。

要针对各类教育活动进行的互动设计，通过数字化、交互性、趣味性的互动媒体特征的引入，增强和丰富了教学的效果与方式。

2.4 载体平台

交互媒体常见的载体平台如图 2.4 所示。

图 2.4 交互媒体常见的载体平台

第 3 章　设计方法

交互媒体设计是一门新兴交叉学科，产品类型还在不断扩展，设计方法大部分来源于产品开发经验与实践途径。产品的来源可能有很多种，如用户需求、企业利益、市场需求或是技术发展所驱动。而每一种分支产品的具体操作和侧重点又有所不同，以什么作为产品开发的触动点，方法众多。现行应用最多的是以用户为中心的设计（User-Centered Design，UCD）以及 VB 之父艾伦·库珀的目标导向设计流程。

3.1　以用户为中心的设计

以用户为中心的设计（User Centered Design，UCD）是指在设计过程中以用户体验为设计决策的中心，强调用户优先的设计模式。并主张用户应该参与或跟踪产品使用的全过程，在进行产品设计、开发、维护时从用户需求和用户感受出发，将用户视为产品共同创造者。产品系统的使用流程、信息架构、人机交互方式，都以考虑用户的使用习惯、预期的交互方式、视觉感受等方面进行设计，创建体现用户体验的高保真原型并进行测试。

衡量一个好的以用户为中心的产品设计，可以有以下几个方面：产品对于目标人群使用的有效性（Effectiveness）、使用过程的效率性（Efficiency）和用户主观满意度（Satisfaction）。展开而言，其一，产品的学习时间成本要低，用户希望快速完成他们所需要的功能，体现产品最基本的用户价值。其二，学习效率高，用户能否快速对产品上手，把握产品的细节价值。其三，也是很重要的一点，产品理念与用户情绪感受共鸣，表现为对用户的吸引程度，用户在体验产品前后的整体心理感受良好（见图 3.1）。

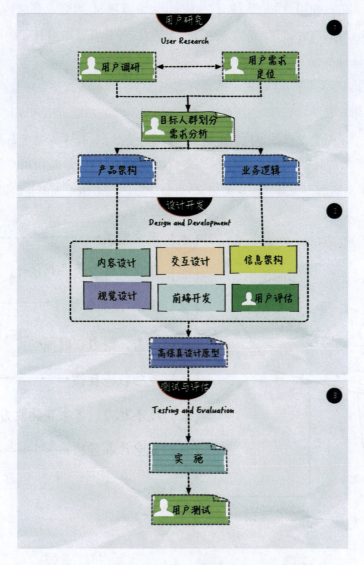

图 3.1 UCD 设计方法中用户参与程度高

3.2 目标导向设计

艾伦·库珀(Alan Cooper)在 IDEO 工作期间领导开发了一套软件开发与交互产品的方法,被称为"目标导向设计"(Goal-Directed Design)。工业设计者 Victor Papanek 看来,设计是"为赋予有意义的秩序,做出有意识或直觉的努力",为此,艾伦·库珀把它定义成一种更加具体、以人为导向的设计活动。在设计中需要理解用户期望、需要、动机和使用情景;理解商业、技术,以及业内机会、需求和制约;基于上述理解,创造出形式、内容、行为有用、易用、令人满意,并具有技术可行性和商业利益的产品①。

首先,目标定义(Goal Definition)是规定项目方向和范畴的重要环节,项目的目标主要是围绕用户展开,该目标包括设计出满足用户需求的功能、良好的用户体验等,但用户目标并不是整个开发过程中的一切,产品的商业价值、技术支持等都是制定目标的因素(见图3.2和图3.3)。目标驱动人们执行行动,但不单是指用户的期望与志向,设计师需要了解行为对于用户的意义,进而才可能创造出令人满意的设计。

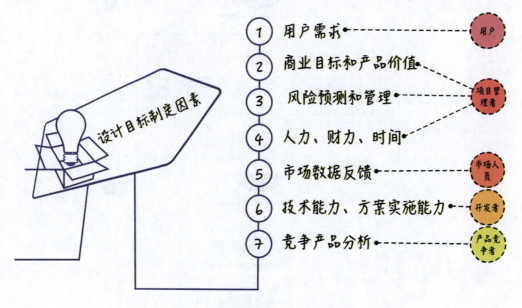

图3.2 设计目标制定考虑的因素

图3.3 目标导向设计过程

---

① [美]Alan Cooper,Robert Reimann. About Face3 交互设计精髓. 刘松涛等译. 北京:电子工业出版社,2012.

3.3 体验式设计思维

交互数字产品与解决人们所需的工业产品不同,其设计充满了复杂的行为和主观体验感受。无论何种设计方法,体验式的设计思维是开发产品过程中需要始终保持的思维模式。

用户体验即用户的行为,将这一非物质化意识赋予有意义的秩序是当下交互设计的重点。

用户体验就是商机。

哈佛商学院的约瑟夫·派恩指出:所谓体验就是指人们用一种从本质上说是以个人化的方式来度过一段时间,并从中获得过程中呈现出的一系列可记忆事件。体验是当一个人达到情绪、体力、智力甚至是精神的某一特定水平时,意识中产生的美好感觉,它是主体对客体的刺激产生的内在反映。设计思维是多伦多大学商学院的教授提出的整合性思考模式,这是一种能够用挖掘对立观点和反相的限制,来创造出新的解决方案的能力。设计意味着平衡需求的合意性、技术的可行性、经济的可行性三者的关系。

传统媒体的生存之道在于内容质量,提供优质的资源是媒体的根基。"内容为王"是传媒界最为人熟知的从业理念之一。提出者维亚康姆公司总裁雷石东是这样阐述的:"传媒企业的基石必须而且绝对必须是内容,内容就是一切!"作为新兴的交互媒体设计,是以用户为中心,提供良好的用户体验并给予用户有价值的内容。价值可以被分解为能够支持数媒产品的可用性、易用性和被渴求性的各个具体产品属性。工业产品开发的重点由过去的产品转化为产品的用户。同时,产品的价值标准由以物为本的"功能合理、造型美观和价格低廉"转变为以人为本的"有用的、好用的和希望拥有的"。

设计始终是以人与物之间关系为基础改造自然的,人机交互自然性是信息艺术设计的重要趋势,需要把"形而下"的设计作为实现"形而上"的社会理想的途径之一,推动设计进步。更多考虑人的行为模式,人与产品的关系、人与环境的影响这些建构交互关系的元素。

从注重功能和外观的产品设计转向以用户为中心的目标导向设计。良好的产品形态绝对不是由"功能"所决定的,而是应该由"用户的心理感受和行为"所决定。用户体验与产品设计的各个因素都有着密切联系(见图3.4)。

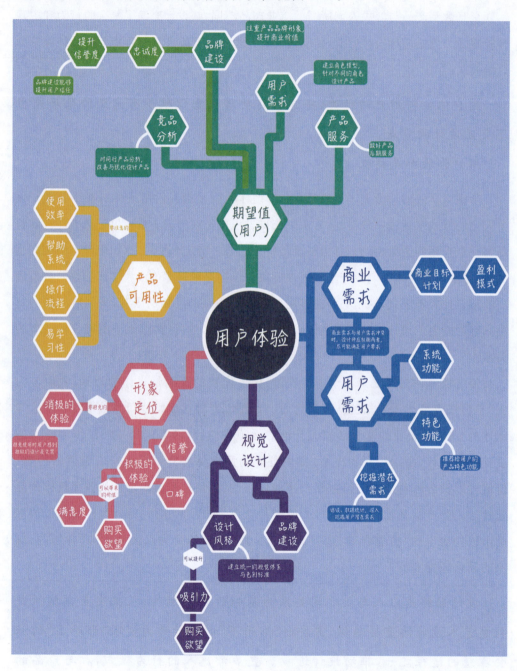

图3.4 用户体验与设计元素关系

以往吸引眼球的外观、更实用、更适销的设计规则是一种小视角的设计,或者叫"近视设计",体验设计是对设计、物体本身的关注转移到设计理念的创新。这种设计理念并不是当下才有的,维多利亚时期杰出工程师伊桑巴德·金德姆·布鲁内尔(Isambard Kingdom Brunel,1806—1859)是一名英国工程师,他革命性地推动了公共交通、现代工程等领域。他的伟大设计之一是大西部铁路(Great Western Railway,GWR)列车的设计。布鲁内尔所关注的并不局限于创造背后的技术。在设计这条铁路路线时,他坚持坡道的起伏要尽可能平缓,因为他想让乘客有飘浮过乡间的感觉。他建造了桥梁、高架桥、山洞和隧道,这种设计不仅是为了创造出高效的运输系统,也是为了给乘客营造出最佳的乘车体验,英国风景画大师约瑟·马洛德威廉·透纳的《雨、蒸汽、速度》描绘了乘坐通过该铁路列车的体验感受(见图3.5)。

图3.5 《雨、蒸汽、速度》

布鲁内尔甚至想象出一种集成式的运输系统:乘客可以从伦敦的帕丁顿火车站上车,最后从纽约的汽轮码头上岸。在他创造的每项杰出工程中,布鲁内尔都充分考虑到了技术可能性、商业化需求和人性化特点之间的平衡。他在这些方面表现出了无与伦比的天赋,特别是他的前瞻性视野更是令人惊叹。布鲁内尔不只是一位杰出的工程师或天才设计师,他也是运用**体验式设计思维**来思考的先驱之一。

20世纪90年代中期,英特尔公司前董事会主席(现任高级顾问)安迪·格鲁夫曾预言过科技推动型的新产出必将大规模出现。他说:"计算机行业不应当是简单的组装和销售个人计算机(即产品),而应当是提供信息和逼真的交互式体验。"体验是在服务的基础上产生的,服务是指针对已知客户个人需求量身定制的无形活动。和产品的有形性、服务的无形性相比,体验的独特之处提供的是一种具有个体差异性的丰富感受,也是可以和每个消费者内心共鸣的综合体验。康奈尔大学心理学教授特拉维斯·卡特(Travis Carter)和托马斯·季洛维奇(Thomas Gilovich)的研究发现,购买体验比购买产品更让人高兴,它能让人产生更大的满足感。服务是附属于产品本身的,而体验平行于产品,甚至有时体验的愉悦大于商品本身。这就是为何现代企业都需要有自己的企业文化和理念,战略规划和理念制定就是从客户的心理和生理出发设计无形的体验产品,然后才是物质产品。在体验经济时代,成功的设计=好理念+好产品+好服务,理念应放在首要的位置。

3.3.1 体验的深度

美国认知心理学家唐纳德·诺曼(D. A Norman)博士曾任苹果公司副总裁,他认为人的认知包括三个基本层面:物理,认知,情感(见图3.6)。体验就是属于情感层面的。诺曼进一步将人的情感化体验分为三种不同的水平:本能水平、行为水平和反思水平。本能层次是先于意识和思维的,它是外观因素的第一印象形成的基础,强调产品给人的初步印象和瞬时反应,注重产品的外观和直觉触感。行为层次与产品的使用及体验相关,注重在使用过程中产品的功能、性能及可用性。功能表明产品能做什么,性能体现在用户能够清晰理解产品如何工作,操作的流畅和舒适性也是产品使用过程

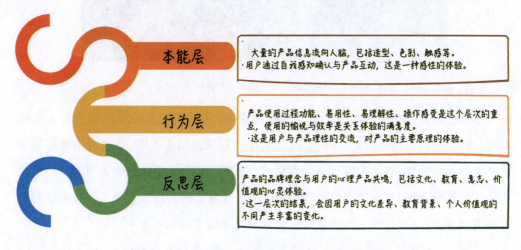

图3.6 体验的深度

中的重要因素,好的操作流程会带给人愉悦的感受,这一层次的用户行为是理性地认知产品。反思层次是关系意识和更高级的感觉、情绪及知觉,这一层次产生情感与思考,对文化的理解,推理事物的规律,能够满足个人的心理,并存留一定记忆。这三个层次是由表及里,由外向内逐步产生的,产生的一个重要因素是时间,本能层和行为层是现在进行式,在接触和使用产品当下,受众在产品的感觉和体验中获得。反思层持续时间很久,通过反思会产生回忆,并对未来产生憧憬,促进下次的产品体验。

3.3.2 体验的类型

在约瑟夫·派恩的《体验经济》中将体验分为4种:娱乐体验、教育体验、逃避体验和审美体验。

娱乐体验是人们最为熟悉、最普通、最亲切的体验方式。玩笑和消遣,这些最古老的娱乐体验,已经被人们习以为常了。再如,观赏表演、欣赏电影、歌剧、电视、听音乐和享受阅读乐趣等这些属于传统的娱乐体验。信息社会计算机技术的发展为我们提供的体验形式,如电子游戏、交互游戏、体感游戏等。娱乐体验给人的体验感受一般有享受乐趣、具有愉悦美感、满足情绪需求、成就感、激发创意等。

教育体验也时常出现在人们的生活中,是以向人们提供信息,提高知识、技能水平及思辨能力为目的,如授课听课、课堂学习、阅读思考、朗读背诵等。大部分的教育体验需要个人发挥主观能动性,教育活动必须积极作用于受众的思想(智力教育)或身体(体育教育),引导受众积极参与其中才能使其有所感悟。现今的网络普及使得教育体验方式多样化,也使得教育体验盛行。

逃避体验,它在浸入程度上要高于娱乐体验和教育体验,是一种令人陶醉、令人沉迷、忘却现实的浸入式体验。逃离现实的体验主要来自对一些科幻式、冒险式电影情境的模拟。实际上,逃避体验是和纯粹娱乐相反的体验活动,产生逃避体验的受众完全沉浸在自己作为主动参与者的世界里,如主题公园、增强现实、网络虚拟社区、互动聊天等。互联网与生俱来就是一个交互式的媒体,虚拟网络构建平行于现实世界的空间是一个提供逃避体验的好平台。

审美体验是一种更高级、更深层次的体验方式,这种体验会随着人的文化、经历的不同而感受各异。例如,站在壮丽的自然风景中极目远眺、看见历史悠久的古建筑感慨万分、一段难忘的旅游、参观艺术画廊或博物馆中的名画、坐在充满昔日回忆的场所等。这些独特的瞬间,这样令人感动的体验,能构造独立而有意义的最好的现实感觉,称之为直接而真实的审美体验。受众参与娱乐体验是想感受,参与有教育意义的体验是想学习，参与逃避体验是想自由，而参与审美体验的人就是想进行精神交流。

交互系统的价值形态应该是用户在使用其过程中能够充分适当地顺应、调动用户认知和情感。上述类型互相兼容，不可完全割裂，综合起来的体验模式会形成独特的个人境遇。阐述体验类型是为了帮助设计师理解用户的心理状态，但不是设计的标准。

3.4　用户模型与设计

界面设计是用户对交互产品最直观的认识，这不仅关乎美观的视觉设计，还需将产品呈现的样式及内部工作机制统一设计。艾伦·库珀指出：工程师开发软件的方式通常是给定的，常常受技术和业务的限制。这是实现模型（Implementation Model），是以技术和程序来实现细节，描述软件及系统如何工作的模型。而设计师关注的是对象、交互过程，这是表现模型（Represented Model），关系到交互行为的外表，是将软件的运行机制展示给用户的方式。用户通常关注目标、信心、情绪等，这是心理模型（Mental Model），用户完成操作和软件交互过程反映使用者的想象。

实现模型、表现模型、用户模型三者的关系如图 3.7 所示。

产品设计的目标是通过持续的迭代设计，使得产品的表现模型和用户的心理模型尽可能的接近。

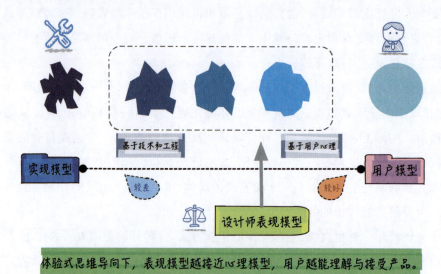

图 3.7　实现模型、表现模型、用户模型三者关系

第 4 章 设计流程

交互媒体设计的整个开发过程中,设计师需要有明确的意图、清晰的设计流程,以确保设计产品的成功率。

4.1 战略认知

战略认知是整个产品的中心理念和要领,围绕产品存在的意义、开发的目的、受众的定位及需求、经营者的利益等核心问题展开。此层面的关键是"创意概念",明确设计的终极意图和用户的真实需求,当下很多产品是不依附任何传统的物质设计而存在的,创新都是围绕用户而展开。

人们买的不是产品,而是生活的信念。战略认知就是要解决为什么开发这个产品,这个产品或者设计存在的意义是什么。产品开发的顺序应该从 why-how-what 几个方面依次构思,这可以在生物学研究人脑结构的过程中找到依据(见图 4.1)。

信息时代设计的重点往往不是现实本身,而是创造新的现实,这些可能性的因素,是需要设计师对现实本身有深刻的认识。产品开发和战略规划,就是明确这个创新是什么,由最初模糊的想法、点子到具有商业价值的机会,最后形成设计概念,明确用户需求和产品目标,需要一个识别、筛选、测试、反馈的过程。每一件大获成功的产品和服务无一不是创新能力的产物。iPad 是商业模式的创新,也是操作方式的创新;Google Map 带来了新的地图搜索模式,并开启了一项宏大的创新服务的大门;iPhone 也定义了新一代的智能手机和人机交互的模式;Facebook 追求用户的开放,产品极简主义,把网络从匿名国土转变成为真实身份的领地,创造事物帮助人们彼此联系和分享。

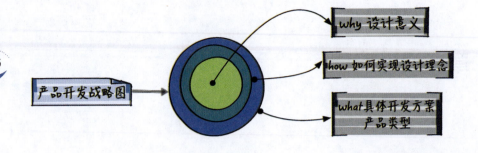

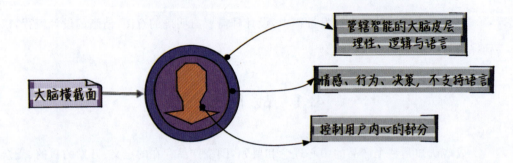

ⓘ 对照两幅图可看出，驱使人接受设计产品的脑部活动层，对应的是产品的信念，而非产品本身。

图 4.1 交互媒体设计产品的主旨，是通过共同信念和行为模式寻找目标人群

产品的价值因素包括实用价值、服务价值、人文价值、情感、美学、形象、人因因素、影响力、核心技术和质量，这些属性构成了产品的评判标准。因此在前期的战略策划阶段需要一一细化，并使之成为实践的指标（见图 4.2）。

1. 产品可用性

实用价值：产品解决的问题，创新点。

服务价值：产品提供的服务（物质服务或者是体验服务）。

核心技术：产品功能和性能的保证。

2. 产品易用性

人因因素：人因工程，提升人在使用产品过程中生理和认知的合理化、舒适化。

核心技术：应用新兴科技改善产品性能，加强体验价值。

质量：软硬件的精确度、灵敏度、耐久性。

3. 产品感受性

人文价值：通过客户细分，产品能体现客户人群的消费趋向和要求。

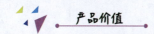

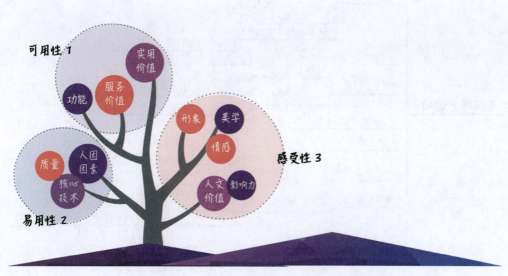

图4.2 战略认知阶段需要思考的产品相关价值内容

影响力：产品对行业发展、社会经济的影响，对环境的维护。

情感：产品体验的核心，扩展人机的交流空间。

美学：解决人的感官感受，优化人机交互。

形象：塑造品牌和加强印象，提升市场占有率。

交互设计不是凭空猜测，一定是以优化生活为目的，产品设计需要对用户的生活行为进行深入的数据分析，如用户群构成与分化、用户信息查询行为、用户与社会网络、用户与信息系统、用户满意度和用户隐私等方面。设计师需要从数据得出的结论，确定交互过程所提供的功能，建构信息层级，通过合理的交互行为方式，寻找和探索信息交换和流通的秩序，优化受众的生活行为（见图4.3）。

Hugh Beyer和Karen Holtzblatt率先使用了"情境调查"（Contextual Inquiry）的人种学调查技术。情境环境是指用户正常的工作环境，或者是在其他对产品合适的物理场景中观察用户并且交流。采取协作的方式探索用户，对工作观察和工作结构以及细节的讨论可以交替进行，焦点集中于引导访谈来获取与设计相关的数据[1]。

---

[1] ［美］Alan Cooper, Robert Reimann. About Face3 交互设计精髓. 刘松涛等译. 北京：电子工业出版社，2012.

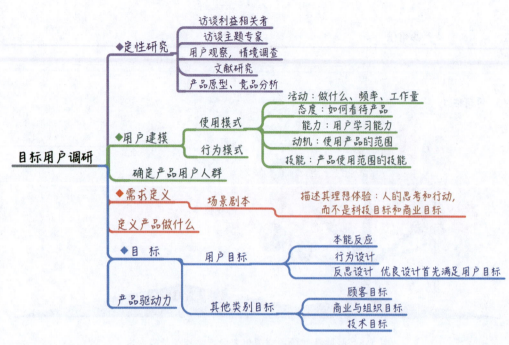

图 4.3　目标用户调研分类

4.2　体系建构

产品体系建构是将设计元素组成一个整体架构,按照什么方式来运作,实现优先级支撑是重点。这一层面主要是明确产品开发的范围;设计产品各种特性和功能最合适的组合方式;制定项目开发流程;搭建团队协调分工;合理分配资源。

将用户的需求和产品的目标转变为产品应该提供给用户什么样的内容和功能时,战略需要建构一个完善的体系。从抽象的开发产品的意义,具象到要开发一个什么样的产品。项目的体系主要解决产品定义、项目流程、确定需求优先秩序、产品的功能规格、内容需求(见图 4.4)。

图 4.4　产品体系架构流程

明确产品内容：按照产品战略的用户需求调研数据，依次列出产品关键性的开发性能，如产品的特色、真实性、娱乐性、易用性、功能性；产品模式是 B2B[①] 还是 B2C[②]、线上还是线下推广；产品运行的平台，是 Web 应用还是移动终端。一个交互产品需要解决的问题太多，现有技术和资金往往不能解决所有的问题，这就需要对迭代[③]产品开发内容的侧重点进行分析，制定依次实现的顺序。制定产品定义的过程很重要的一个环节是竞品分析，即分析其他同类产品的优缺点，定位自己的特色。

项目开发流程预估：项目负责人带领设计、工程、管理、市场部门的团队，对整个项目实施过程可能遇到的困难和潜在的技术冲突，尽可能地预估出来，团队之间初步协商，并一一做好预备工作。确定具体、系统的发展要求，制定迭代设计的规划，确定每一次迭代产品的子项目及时间。依据市场对产品的接受因素，制定一个清晰的开发优先级别秩序，必须用文档的方式记录下来，整理备案，项目组成员认识应清晰明确。

团队建设：产品开发必不可少的人员组成部分，包括市场研究、工程技术、设计三方面的人员，要拥有熟悉开发产品特性的专家。交互媒体设计的团队都是来自不同领域，前期需要协调各自的分工，磨合技术，项目负责人制定项目的规范和衔接步骤，每个部分相互独立，但又要服从整体布局。

资源分配：实现战略目标的直接相关资源主要包括两个方面：财务资源和人力资源。这一阶段初步计划产品开发的周期、资金筹措和管理、软硬件成本、人员数量和薪金、市场回报率。后续根据项目进度再做调整。

确定产品功能规格：产品预期实现的基本功能和内容需求，这一阶段不需要把产品的每一个细节都确定下来，重点应放在基本的功能。将需求信息转换为功能元素，设计变得清晰具体。内容需求包括产品所需要的文本、图片、视频、音效、交互设计，对每一个特性规模进行预估，并以文档方式列出内容清单。这些估值肯定不是很精确，确定大致范围即可。其中，产品的更新频率和维护也是需要思考的，权衡用户的期望值和有效资源之间合理的中间值。

---

① 也有写成 BTB，是 Business-to-Business 的缩写，是指企业对企业之间的营销关系。它将企业内部网，通过 B2B 网站与客户紧密结合起来，通过网络的快速反应，为客户提供更好的服务，从而促进企业的业务发展。

② B2C 是 Business-to-Customer 的缩写，而其中文简称为"商对客"。"商对客"是电子商务的一种模式，也就是通常说的直接面向消费者销售产品和服务的商业零售模式。

③ 迭代，通常指的是产品不断优化、更新的过程。在产品上线后，一般都会有后期的优化计划，会将这些计划分期上线，每一期都可以称为迭代。每一次的迭代都是在上一次迭代的基础上进行的，迭代将致力于完善、修改、增强目前的架构，以使架构越来越符合目标设计要求。

容易犯的错误是"范围蠕变",这是项目实施前期的大忌。"范围蠕变"指在一个项目的范围内控制的变化,是无意间的项目范围的增加,尽管每一次轻微的变化不易引起项目管理者的注意,但当蠕变持续造成项目范围显著变化时,项目进度和成本控制已经远远偏离了初设的目标。这种现象出现时,就会发生一个项目的范围被错误定义、记录和控制。一般情况下,我们认为范围蠕变是消极的,而且要极力避免。这也是整个 BPM(Business Process Management,业务流程管理)最大的失误,并为此付出昂贵的代价。首先,要知道范围蠕变会发生,具有一定的不可避免性。然后通过目前的计划、优先权以及项目日程来最小化范围蠕变对于项目的影响。也要准备好记录下这些蠕变,文档化这些蠕变对于项目的影响。当然,也可以通过如下一些简单的操作避免范围蠕变的发生。

彻底理解和文档化项目是预防"范围蠕变"的有效方式。明确定义所有的可交付成果以及这些交付成果如何映射到业务优先级上去。

确保项目范围是合理化的。

确保要处理的问题或者要自动化的流程定义良好。

确保项目中所有相关者能够对流程的参与负责。

4.3 行为实现

这一层次是实现战略和产品开发,主要集中于交互设计和产品内部的结构。需要综合应用多领域的技术,明确具体的各个技术体系的开发内容,并建立良好的技术融合,按优先级逐一实现体系建构中设定的开发内容。

这一阶段是实现排列好优先级的用户需求,将抽象的决策和体系,转化成用户体验的具体因素。这一层面主要是完成交互设计和信息架构。这一阶段的交互设计是指在理解用户行为和思考方式的基础上,优化用户的体验模式并结构化,解决数媒产品与人的互动关系,交互设计关注行为如何与形式和内容产生联系。信息架构主要指交互设计后台的信息内容的管理、分类、顺序排列,以保证准确地将信息传达给用户,给用户元素的"模式"和"顺序"是设计重点。

信息不断循环反馈,用户发出指令或移动,系统响应,用户再接受和移动,系统再响应。在这个动态行为过程中,合理化这个信息反馈和响应的模式,就是交互设计的任务。

体验行为过程的合理性和舒适性也是交互设计的重点。

一般交互设计的动作流程可以分为以下三种。

（1）**流程交互**（Process Interaction）**或引导式交互**（Instructional Interaction）：设计一系列的操作流程，系统会给出相关提示，用户在引导下体验产品。常见的有人和软硬件系统之间的交互方式，这种交互方式下系统不会因不同用户产生不同反应。

（2）**探测式交互**（Explorative Interaction）：用户与产品之间产生反馈性交互。这是一种平行化的交互方式，个性化的选择会使用户产生不同的体验结果，也就是一对一的方式。

（3）**随机交互**（Random Interaction）：用户相对自由地与产品进行"交流"。这种方式一般会在搭建的虚拟环境中配合头盔显示、数据手套等进行人机对话。

交互模式的选择与信息内容有密切的关系，一个交互媒体产品不会孤立地只用一种交互方式，模式多样化才能优化用户行为，利于产品操作与提升体验舒适度。

其次，制定产品的工作流程是预定义的工作步骤，设计产品操作路线。它可能是完全定义的，即对每种可能的情况都能完全确定下一个参与者；也可能是不完全定义的，需要参与者根据情况决定下一个参与者。

再次，交互技术的细化与发展，促进交互行为从单一走向多元。现今，用户的体验也是多方位的，信息设计的交互行为趋势是调动多感官、多媒介的全息形式。"全息"即全部信息全向性关联和信息场时空泛对应性。交互设计将艺术形式与各种媒体技术结合成综合的表现形式，各种体验形式呈现多功能一体化的发展趋势（见图4.5）。

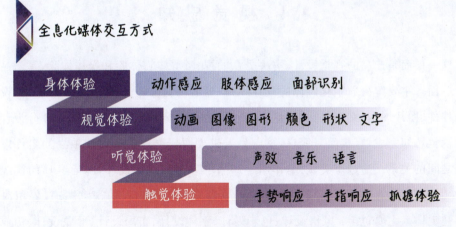

图 4.5　全息化媒体交互方式

行为实现的另一个环节是信息架构。信息架构是有关内容的结构设计,研究人们如何认知信息的过程。对于产品而言,信息架构关注的是呈现给用户的信息是否合理并具有意义。现今海量信息不断溢出,加重了人脑的负担,使得人们无所适从。加强信息的处理能力使架构合理化,主要目的是为信息与用户认知之间搭建一座畅通的桥梁。信息直观表达的载体,通过设计组织分类和导航结构,让用户高效、有效地找到所需要的信息。信息架构就是研究信息的表达和传递。

组织结构方式有以下两种。

(1) **自上而下**(Top-Down APProach)的信息架构方法,根据产品目标和用户需求直接进行结构设计。先从最广泛的、最重要的决策目标开始进行分类,然后再依据逻辑细分出次级分类。"主要分类"和"次级分类"的层级结构就像一个框架,而内容和功能按顺序一一填入。应用这种方式需要注意不要忽略重要的细节,可以结合前期的调研数据增补分类。

(2) **自下而上**(Bottom-Up APProach)的信息架构方法也包括主要分类与次级分类,根据对内容和功能需求的分析而制定。从最低级别的分类中,将它们分别归属到较高一级的类别,从而逐渐构建出反映产品目标和客户需求的结构。应用这种方式能够较好地反映现有的内容,但未知的内容和分类,如需加在架构中,就要调整上下级的关系,缺乏变通性。组织结构的方式需根据具体的项目和产品制定。

用户在操作过程中,认为产品引导合理、信息布局清晰,这样的信息架构显然是良好的,高效结构的优点是具备足够的冗余空间以适应信息的增加与变化。

4.4 视觉感知

这一层面是产品的视觉设计,解决受众的视、听等感官体验和操作体验,是产品的外化层面。主要解决数字化媒体的设计风格、界面视觉设计、整体优化设计布局,设计各个控件、图片展示、文字版式、信息这些元素的有机排列方式。该阶段大部分设计是通过视觉感知完成,直接面对客户,重点是人机界面、导航、信息设计独立的组件以及它们之间的关系。通过审美认知,作用于产品的界面和外部设计,引导客户的视线注意力。研究人员有时使用精密的眼球追踪仪器来确定被测人的视觉顺序、停留时间等。视觉体系主要包括:风格设计、色彩设计、字体设计、布局设计、形象设计、构成设计等。听觉除了最常见的声效和音乐设计以外,现在很多产品还实现了声音交互,产品识别人声进行信息交流,智能手机上的语音短信、语音互动十分普及。多点、单点触碰控制屏幕使人机交互更加舒适。

  界面设计是用户和产品内部结构的媒介,直接面对用户,需要确定各个连接按钮和各个控件的布局和设计。界面设计需要尽量减轻用户使用产品的工作负荷。界面设计师应将客户操作行为和认知负荷降至最低。这些负荷包括:①**认知负荷**,理解文本,组织结构与产品行为。②**记忆负荷**,回忆产品行为、命令向量、密码、对象、控件位置与名字,以及对象之间的其他联系。③**视觉负荷**,弄清屏幕内容的起点;搜索众多对象中的一个;分解布局,以及区分界面的视觉元素。④**物理负荷**,击键、鼠标运动、触屏手势、不同输入模式的切换及完成导航需要的点击次数[①]。设计界面时应充分考虑用户潜移默化的一些常规习惯,将创新设计与操作习惯有机融合是界面设计始终要注意的(见图 4.6)。

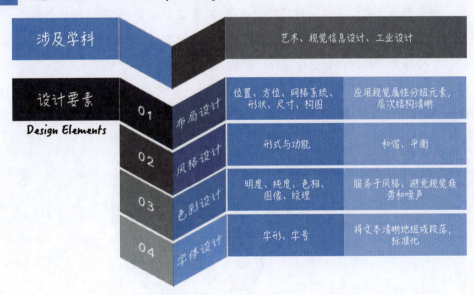

图 4.6 视觉界面元素及原则

  这 4 个层次是自里向外地建设和逐一开发,每一层面都是根据它下面的那个层面来决定的。它们的任务各不相同,但具有连锁效应,内部的联系紧密,是统一有机的整

---

  ① [美]Alan Cooper,Robert Reimann. About Face3 交互设计精髓. 刘松涛等译. 北京:电子工业出版社,2012.

体。两个相连的层面,开发时间上需要有一定的重合,当较低层面开发到约 2/3 时可以开始较高层面的设计,较高层面的决策有时会促成较低层面进行重新评估和修订(见图 4.7)。

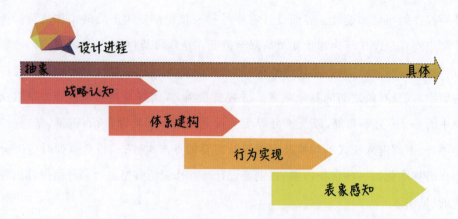

图 4.7 设计进程:完成每一阶段的 2/3 后开始下一阶段

交互媒体产品设计是一直持续的过程,需要定期地更新,满足用户的需求。上一代产品测试与评估,为接下来的迭代产品提供修改方案,完善功能。产品开发总要经历三个步骤的不断循环:设计,测试,评估,这就是迭代设计(见图 4.8)。

图 4.8 产品迭代优化

案例篇

交互媒体设计

本篇以互动型信息可视化设计、文化遗产数字化展示设计、商业应用设计三个实践模块为切入点，分析交互媒体相关案例。每一个案例有其特殊性，环节的工作量也不尽相同，基本步骤如图0.2所示。

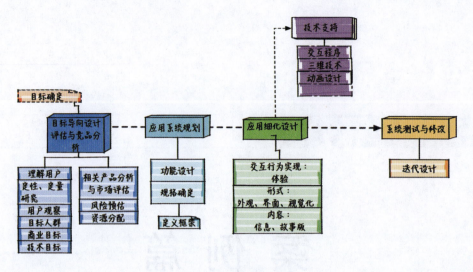

图 0.2　设计基本步骤

第 5 章 设计实践

5.1 互动信息可视化设计

当下,海量信息冲击着人们的生活,Google 的前任 CEO Erich Schmidt 在一次会议上宣布,至 2003 年,数据量约有 5EB,而今每两天就会产生这么大的数据量。信息膨胀的速度比任何人想象的都要快得多①。人们需要对这些初始、繁杂的信息分类、整理、梳理关系等,挖掘信息背后隐藏的客观知识,应对数据风暴,并让它们变得有意义。信息可视化设计是将文字、内容转化为动态图像,所承载的信息量远远超过以前,内容和数据的视觉化不单是对现实的"虚拟复制",通过设计更易揭示事物之间的联系。数据里有知识,合理挖掘和统计数据,可以对信息有效地组织编排,建构有机的信息层级,通过逻辑合理的行为方式,寻找和探索信息传达与交换的优化模式(图 5.1)。

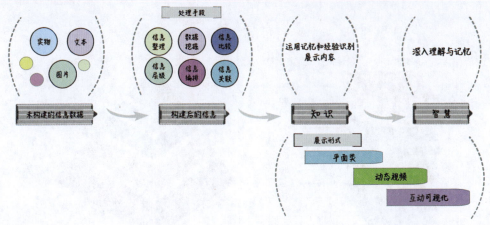

图 5.1 信息可视化流程

---

① [美]Alberto Cairo. 不只是美:信息图表设计原理与经典案例. 罗辉,李丽华译. 北京:人民邮电出版社,2015.

信息可视化设计大致分为三类：第一类是平面设计，以二维图像表达信息，形式以图文并茂或数据图表居多；第二类是 MG 设计（Motion Graphic Design）是通过视频和解说将信息直观地演绎出来；第三类是互动可视化设计，需要用户积极参与，通过引导操作完成对知识的理解。互动可视化设计是本章涉及的案例。

信息可视化设计一般有以下几种形式，设计中会综合使用。

数据可视化：把抽象、枯燥的数字形象化，加深人们对数据的认识和理解（图 5.2～图 5.9）。

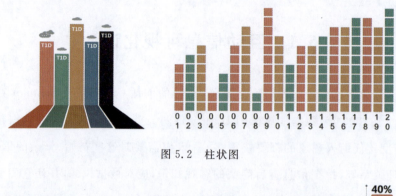

图 5.2　柱状图

图 5.3　饼图

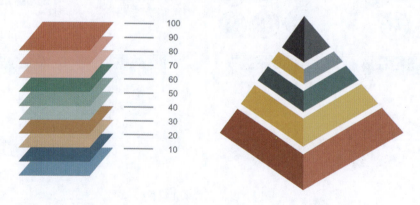

图 5.4　层级图

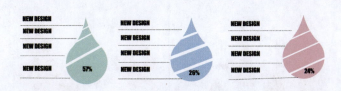

67%　　　　14%　　　　25%

图 5.5　事物数量说明

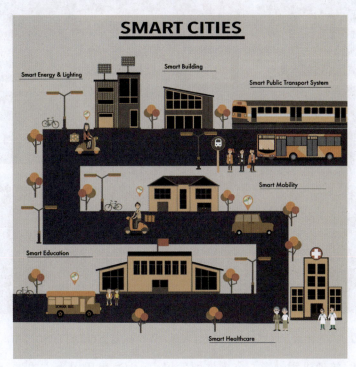

图 5.6　地图说明图

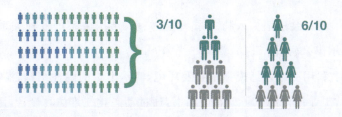

图 5.7　人口说明图

第5章　设计实践

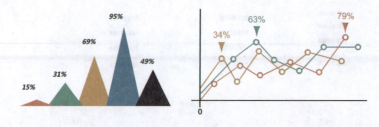

图 5.8 折线图

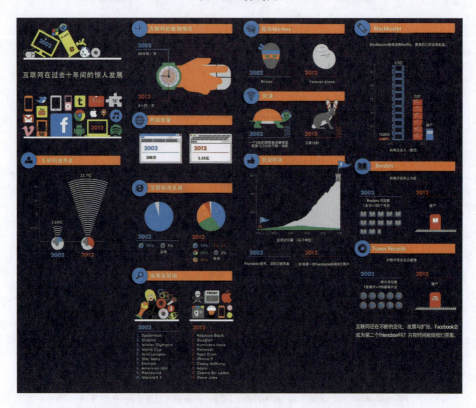

图 5.9 图解互联网的发展变化(来源:WWW.BESTEDSITES.COM)

图解过程、梳理进程:将一个事件的发展、变化过程用图表方式进行梳理、整合(见图 5.9)。

揭示关系:将社会中诸如人物关系、利益关系、结构关系等各种关系用信息图表方式梳理与揭示出来(见图 5.10)。

仿真模拟:利用三维设计模拟事物及环境,演示事物的隐性结构、潜在知识、发展态势等。比如,工业设计的电子动态说明书,通过动态化三维仿真设计,用户快速了解产品的运行模式、功能结构及相关信息,清晰明了(见图 5.11)。

工业设计的电子动态说明书:

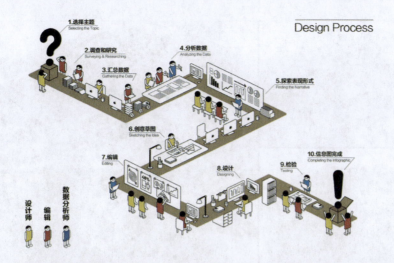

图 5.10　信息可视化设计各个进程之间的关系和具体内容通过此图清晰地说明

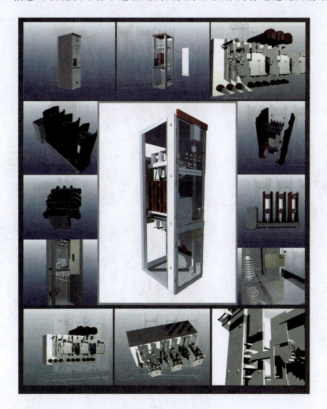

图 5.11　武汉合力案例

"数字城市"——地理空间数据(图 5.12)。

整合内容：运用数字化技术制作的图表，也可以作为信息素材的组织手段，它能将不同时间、不同来源的内容进行有机地结合(见图 5.13)。

图 5.12 武汉洪山广场电子地图

图 5.13 各种促销方式之间的关系(来源:www.tianxiawangshang.com)

5.1.1 印象鼓浪屿——院门文化数字展示设计

1. 产品介绍

鼓浪屿院门展示交互系统是为促进鼓浪屿申请世界物质文化遗产而开发的应用。院门是建筑很重要的一个特色,体现了建筑风格与主人的社会地位,背后有很深的文化内涵。而且,目前鼓浪屿院门年久失修,很多院门都面临严重的破损,当下相关的宣传产品非常少有,开发这类应用有实用性与传播功效,可实现对建筑遗产的结构细节及造型特色的还原与再现,将鼓浪屿建筑文化普及给大众。

2. 产品特点

(1) 信息可视化设计:追求舒适的阅读体验,传达院门背后的故事。产品二维可视化设计部分,将海量信息资源筛选、提炼,用图像化设计直观展示院门文化,帮助用户理解数据,接受文化。

(2) 三维仿真设计:院门的整体构建、图案信息、细节分解,都以原始院门一一仿真,并通过交互方式向受众展示,让受众通过移动终端可以随时赏析。

3. 产品结构图

印象鼓浪屿产品结构图如图 5.14 所示。

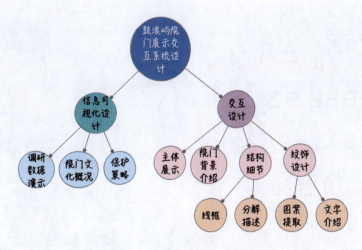

图 5.14 印象鼓浪屿产品结构图

4. 信息可视化设计

首先以年代为线索,阐述历年鼓浪屿申请世界物质文化遗产的背景资料(图 5.15)。

图 5.15　MG 设计讲述背景资料

其次,通过鼓浪屿历年旅游人数数据,说明此类产品有较多的受众群体和市场需求(图 5.16)。

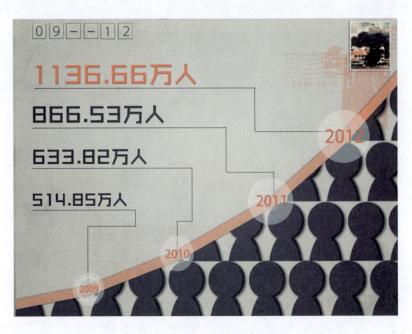

图 5.16　旅游人口数据增长图

鼓浪屿建筑分类说明图,让用户对其概况进行了解(图 5.17)。岛上建筑总体数量是 308 栋,以圆形分割的面积大小,显示鼓浪屿各类建筑的数量比例(图 5.18)。历史遗迹抵不住时间的磨损,很多鼓浪屿院门都失修和损坏了,倡导数字化手段是其中的保护措施之一(图 5.19)。

图 5.17 鼓浪屿建筑分类说明图

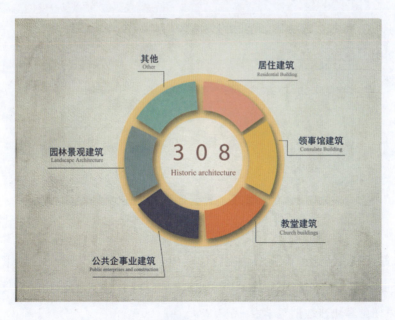

图 5.18 鼓浪屿各类建筑的数量比例

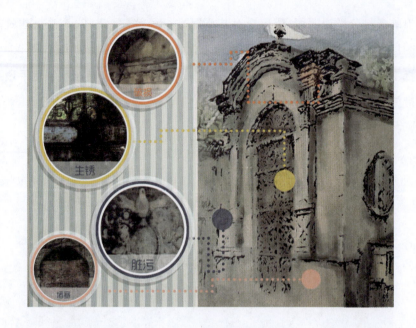

图 5.19　院门损坏的现状

5. 交互设计

以下是产品互动设计的部分,用户通过前面的动态视频了解了问题所在,接下来是学习信息阶段(图 5.20)。主界面以手绘风格为主,大部分游客到达院门只是匆匆拍照留念,对其特色和文化了解不多(图 5.21)。

图 5.20　将鼓浪屿俯瞰图作为开始首页

用户通过鼓浪屿地图中显示的院门的具体位置,单击进入浏览信息(图 5.22)。图文配合展示院门的背景信息,此 APP 的播放平台是手机。因此,文字需要精炼,通俗易懂,以便游客快速地浏览学习(图 5.23)。

图 5.21　主界面设计：手绘风格动画

图 5.22　院门地理信息

图 5.23　院门的图文介绍

鼓浪屿很多院门因年久失修，游客无法进入内部观赏。通过三维仿真设计，院门整体结构以拆分动画形式一一呈现。展示院门的内部结构，当游客到达此院门门口可近距离观赏院门的外观，并点击手机应用了解其细部特征。（图 5.24、图 5.25）

图 5.24　院门结构爆炸图

图 5.25　院门整体效果展示

有些院门的建筑重点结构,需要专业知识才能了解其信息,即使游客在实地观赏也差强人意,APP 设计了"结构之美"的功能,简明地介绍这些结构,让用户快速理解(图 5.26)。院门上的装饰有一定的寓意和特定的内涵,非专业人士不太了解这些信息,"门饰之秀"这个功能将装饰图案一一讲解,让游客了解院门背后的故事(图 5.27)。

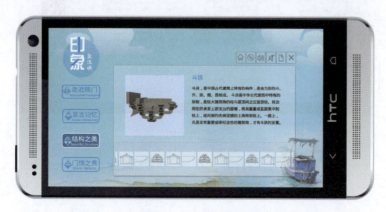

图 5.26　建筑细节介绍

图 5.27 门饰之秀的功能演示

5.1.2 华侨大学数字校园交互系统设计

1. 项目介绍

虚拟现实技术使真实场景再现及数字化景观设计得以实现。数字校园作为虚拟现实的应用产品之一,各高校力求通过三维虚拟交互平台展示校园良好的校容校貌。

在本项目中,是以华侨大学(厦门校区)为原型设计的数字校园交互系统。通过该系统可了解华侨大学的地理风貌,实现为新生、家长及游客导航的功能,展现华侨大学校园人文环境。华侨大学创办于 1960 年,学校坐落于中国著名侨乡福建省泉州市和海上花园城市厦门市,学校直属国务院侨办领导。校园主要由教学楼、实验楼、图书馆等组成的教学区;行政主楼和学术交流中心组成的行政区;学生宿舍、学生活动中心、食堂、操场、商店等组成的生活娱乐区;以及道路、花草、树木、路灯等辅助设施构成。

2. 设计流程图

本项目总体制作过程分为评估与竞品分析、战略认知与开发原则、系统技术体系构建、交互行为实现、视觉设计、测试与修改、系统发布 7 个环节。所用开发软件包括 3dsMax、Unity3D、PS、CrazyBump、CAD、Visual Studio 等(图 5.28)。

3. 产品体验

此项目有被动式、交互式、查询式三种体验方式,其一是自动漫游,这种漫游方式按照设计者事先规划的最佳路线和最佳视角,被动地对虚拟环境进行漫游;其二是交互式漫游,用户用鼠标和键盘控制漫游方向、视点高度,自行游览学校;其三是查询式漫游,可从地图中的建筑快速跳转到想要浏览的地点,用户根据选择建筑物直接到达目的地(图 5.29、图 5.30)。

交互媒体设计

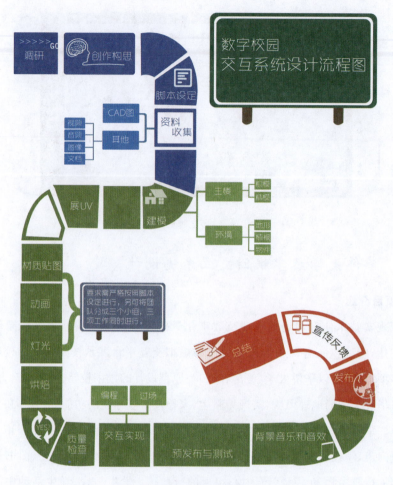

图 5.28 设计步骤图

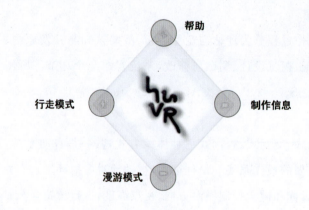

图 5.29 界面设计

图 5.30　行走模式

用户在地图上点击了图书馆,界面直接跳转到图书馆,近距离观察建筑,并进入建筑内部,链接到相关功能介绍(图 5.31)。漫游模式视线偏高,全景范围大(图 5.32)。行走与漫游模式随时可以切换(图 5.33)。

图 5.31　图书馆展示界面

在华侨大学虚拟校园系统中借助三维动画手段,创建摄像机视图的方法来实现自动漫游。项目设计在场景中创建第一人称视角,用户可以根据自己的漫游需要调整漫游方向和视点高度。系统中可以欣赏到建筑的外在风貌,同时也实现了部分室内场景的浏览(图 5.34、图 5.35)。

图 5.32　漫游模式

图 5.33　行走、漫游模式可随时更换

图 5.34　教学楼外部展示

图 5.35 教室内部展示

鼠标移动到建筑物上显示其功能介绍,有些建筑物还有功能链接页面(图 5.36、图 5.37)。

图 5.36 有些建筑有功能简介,右上角地图中显示位置

图 5.37 建筑物的功能链接

5.2 文化遗产数字化展示设计

随着信息技术的发展,数字化展示不再被视为工具,已成为进一步思考与呈现设计意念与操作方式的媒介。物质文化遗产的数字化展示是综合应用数字媒体技术、计算机信息工程、网络工程等相关技术,是对传统文化的"真实再现"与传播。如今,文化遗产的视觉传播由以往形态上的平面化、静态化,逐渐向动态化、综合化方向转变;从单一媒体展示跨越到多媒体综合交叉演绎;从二维平面延伸到三维立体和虚拟空间;从传统的印刷设计产品转化到新媒体信息的传播。数字技术的视觉效应和交互特征改变了以往对物质文化遗产以被动性保存和复原展示为主要目标,而转变为主动性开发研究和信息技术虚拟演示。

5.2.1 胤禛美人图——数字化文化遗产展示应用

1. 产品简介

胤禛美人图是故宫博物院出品的首个应用,通过计算机图形技术对物质文化遗产进行多层面和新视角的展示,带来耳目一新的用户体验。这个应用以著名的清代工笔仕女图《胤禛美人图》为原版,透过 12 幅美人屏风画像一窥清朝盛世华丽优雅的宫廷生活,图文信息并兼,还可以 360°动态观赏宫廷文物藏品,引导用户从人物的妆容发饰、室内家具装潢、摆放器物陈设、图案寓意等方面来解读文化,探索画轴背后的故事。这个 APP 的重点是在于将故宫红墙里鲜为人知的故事搬到了墙外。让用户通过交互体验感受中国物质和非物质文化遗产的意蕴。打造一个基于交互展示的科普平台,将专业知识推向公共教育领域。

2. 产品特点

这款 APP 是由中央美术学院交互设计实验室负责人彦风及团队制作。其特点如下。

(1) 此产品主要是在 iPad 上运行演示,整个应用立足于信息展示,布局脉络清晰,多媒体辅助应用恰到好处,操作简易且有较友好的交互性。

(2) 展示效果十分精美,图片还原度高,用户能以超近距离看清画面的细节与颜色,并内置放大镜功能欣赏高清美图。界面设计风格秉承了古香古色、流韵溢彩的基调。

(3) 产品以信息展示为主要功能,除了图片浏览和中英文字说明以外,还有画中物件与故宫博物院收藏实物对比观摩,360°互动观赏宫廷文物藏品,并提供深度背景知识。

(4) 将形而上的文化遗产变为可分享、可传播的线上实践产品。故宫博物院的官方网站和新浪、腾讯、人民官方微博现已成为对外发布信息的主要窗口和与广大公众交流沟通的主要平台，三大微博以"接地气"的风格吸引了近 450 万人的"粉丝"。故宫博物院还推出了微信公众号"微故宫"和"掌上故宫"智能导览应用，文化信息、导览讲解等功能让用户的参观更加便捷、轻松。故宫爱好者足不出户就可了解更多古代建筑、馆藏文物、虚拟展览等方面的信息。

3. 产品结构图

胤禛美人图产品结构如图 5.38 所示。

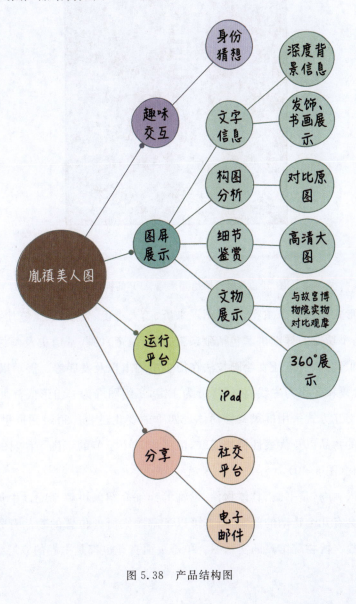

图 5.38 产品结构图

4. 产品体验分析

故宫出品标志设计采用的是在故宫中被大量运用的红黄搭配。红色视为喜庆的正色,寓意着庄严、幸福、吉祥。黄色是皇权的象征,以黄色为贵(图5.39)。

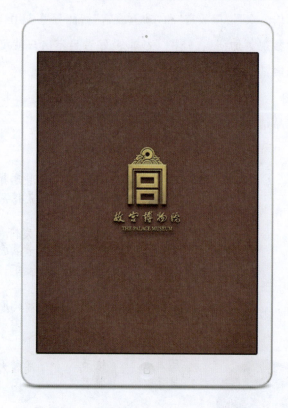

图5.39 故宫博物院系列APP的标识设计

以屏风形式展示各个图卷,含有图屏来历、美人身份、雍亲王、工笔仕女4项功能。单击进入,每个功能的详细讲解包括雍亲王(雍正皇帝)的登基历史及画像、12位古代仕女的肖像工笔画、工笔仕女绘画技法在历史中的出现及发展等。展示以时间作为设计线索,以春夏秋冬作为主线,将图屏分为4组,每组图屏为一组形成首页导航。图屏首页的设计交互方式采用屏风式移动体现四季的变化过程。每组图屏里渲染气氛的元素从画里的物品以及代表性植物提取,渲染出每个季节的氛围,背景图会随着季节的变化而变化(图5.40)。

单击进入画卷,是书画、具体物件、发饰等详细介绍。讲解都配以中英双语,在屏风画像上还会有几个转动的图案,单击可以了解图案所处位置的物品背景资料,有一些还会配上故宫博物院馆藏的实物图。单击页面打开也都是书卷的双层结构,即从右

图 5.40 产品的图卷展示

往左、自上而下阅读,让用户有种亲临历史场景的感觉。配上简洁舒缓的背景音乐,散发着一股复古别致的气息(图 5.41)。

赏析功能中的放大镜可以更好地帮助用户体验到仕女图的细节(图 5.42);物件和发饰都配以中英文讲解(图 5.43)。

画中的文物与故宫博物院馆藏实物对比观摩,支持 360°观赏(图 5.44),出现的书画也有详细的解读(图 5.45)。

图 5.41　画卷中物件、人物的详细介绍

图 5.42　放大镜功能

图 5.43 发式的中英文详细介绍

图 5.44 画中馆藏的文物介绍

第 5 章 设计实践

图 5.45　书画赏析

构图分析这一功能,对于学习绘画的用户十分必要,抽象图像中的元素将构图解析出来,通过对比用户更能明白作者的审美意图(图 5.46)。

图 5.46　构图分析

文化类的APP也需要趣味的调剂,画中女子身份可根据用户猜想移动头像进行对比的趣味体验(图5.47)。

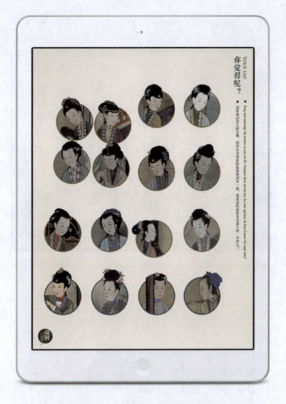

图5.47 画中女子身份猜想

5. 系列产品

故宫博物院于2012年开始尝试探索基于移动设备的观众服务及藏品介绍应用程序,"数字故宫"的建设就是其中的一项重要举措。该项目计划用三年时间开展实施,以立体、多元、全方位的信息化手段,让故宫文化融入人们的日常生活,满足大众的文化需求。"数字故宫"的成果就是故宫系列APP应用,它通过现代科技,使博物馆学术研究与数字展示彼此促进、互为表里,为观者带来审美与求知、娱乐与鉴赏的多元文化体验。目前,故宫博物院已自主研发并上线了6款APP应用,分别是《胤禛美人图》、《紫禁城祥瑞》、《皇帝的一天》、《韩熙载夜宴图》、《每日故宫》和《故宫陶瓷馆》。这些APP让故宫文化真正活起来,为公众提供了翔实的研究、学习资料和生动的文化体验,反响良好。同时,可让"故宫出品"成为社会广为关注和欣赏的文化品牌,让更多民众享受到故宫文化带来的精彩体验。

1)《紫禁城祥瑞》

独家揭秘紫禁城里的祥瑞符号,带领观众领略宫廷珍宝上的皇家文化(图5.48、图5.49)。

图 5.48　欣赏祥瑞相关文物

图 5.49　了解祥瑞在紫禁城中的藏身位置

2)《韩熙载夜宴图》

《韩熙载夜宴图》是中国画史上的名作,该应用以连环长卷的方式描摹了南唐巨宦韩熙载家开宴行乐的场景。APP 的操作方法很简单,左右拖动赏画,长按画中人物、物品、装饰,便会出现这些东西的具体介绍。当观众单击特定人物,如横抱琵琶的李姬、穿蓝色服饰的舞伎时,这些人物就会"复活",以真人的形式弹奏传统南音,跳起梨园舞蹈(图 5.50、图 5.51)。

图 5.50　图中出现的人物、书画、文物等信息

图 5.51　"真人入画"设计

3)《故宫陶瓷馆》

《故宫陶瓷馆》APP 以"时间轴"为架构,串联起文华殿陶瓷馆在陈的全部藏品,每件藏品都有清晰的图片和专家撰写的介绍,更有 8 件精品可以水平 360°环绕欣赏(图 5.52)。

图 5.52　瓷器翔实介绍展示,按时间轴排列物件

4) 榫卯

榫卯是在两个木构件上所采用的一种凹凸结合的连接方式。凸出部分叫榫(或榫头),凹进部分叫卯(或榫眼、榫槽),这是我国古代建筑、家具及其他木制器械的主要结构方式。该应用让用户更直观地了解到榫卯的制作及历史,以一种全新的方式记忆榫卯工艺,并赋予原本冰冷的技术以人文温度(图 5.53)。

5) 每日故宫

"每日故宫"是一款 iOS 和安卓版手机应用。每日甄选一款馆藏珍品,展示民族文化(图 5.54)。主要特点如下。

(1) 故宫博物院馆藏每日撷珍,纵览各领域珍贵文物及代表作品;

(2) 解读部分文物工艺要点及背景故事;

(3) 高清文物细节图片欣赏;

(4) 精美日历信息页面;

（5）心情笔记记录及分享功能，充满艺术气息的分享模板；

（6）用户注册登录后可对笔记进行保存和不同设备间同步。

图 5.53　用户可以通过界面选择要了解的榫卯结构，如加工工具、材质、用途等

图 5.54　日历页设计及当日推荐赏析的作品

6)皇帝的一天

"皇帝的一天"iPad版采用了有趣的交互式地图,可以探寻皇帝在紫禁城里一天的生活轨迹,游历养心殿、乾清宫、御花园、畅音阁等重要建筑,共有二百多个大小交互点。该应用还结合解密、收集游戏元素,需要完成任务进入下一个生活场景。"银牌试毒"、"百步穿杨"、"粉墨登场"……一个个精心制作的小游戏趣味横生,并可以与朋友分享互动(图 5.55)。

图 5.55 这款应用整体设计为卡通风格,互动娱乐性强

5.2.2 黔东南苗族服饰数字化视觉设计

1. 产品简介

苗族服饰素有"穿在身上的图腾,彩线写成的史诗"之美誉,其精美的图案、奇特的

造型、丰富的结构，一直被受众所关注。如何用数字化方式对苗族服饰展示与保护，使其文化生态能够传播与普及，是此项目的立意点。

2. 产品特点

（1）以普通大众为用户，基于数字文娱平台，将苗族服饰、银饰、图腾、刺绣通过动画视频、信息可视化设计、三维仿真设计一一再现。产品结构逻辑合理，展示方式能充分表达服饰的内涵与特色。

（2）信息素材均是当地第一手资料，注重服饰细节，采用音频、2D、3D 图像、文字、实景影像等多种方式展示苗族文化。

（3）该产品分为服装、银饰、图腾、刺绣 4 个模块，从苗族服饰为入口，穿插展开相应佩戴银饰、服装所运用的图腾样式，以及刺绣工艺。每个模块说明翔实，为设计行业如服装设计、珠宝设计、产品设计提供参考素材，对苗族文化进一步传承与推广的再设计建立数据库。

3. 产品结构图

产品结构如图 5.56 所示。

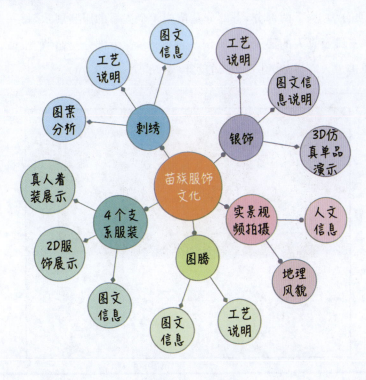

图 5.56　产品结构图

4. 产品体验

应用开始是实景拍摄的视频资料,介绍苗族的风光与人文特色(图 5.57)。

图 5.57　实景拍摄截图

应用首页分为上、下两部分,上部分是苗族 4 个支系的服装展示,每一个支系的服装都有二维、三维及真人的展示(图 5.58～图 5.66)。下部分是苗绣、银饰、工艺、图腾分类讲解,单击进入有详细的图文互动设计(图 5.67～图 5.73)。

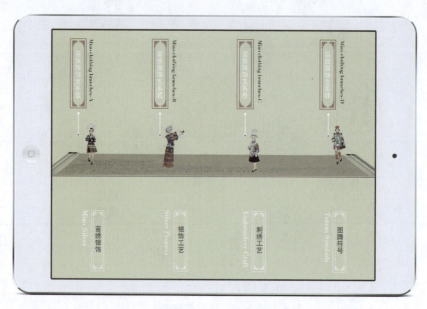

图 5.58　苗族 4 个支系的服装为应用首页

图 5.59　不同支系的苗族服装选择页

图 5.60　苗族不同支系服装

第5章　设计实践

图 5.61 真人着装展示

图 5.62 2D 人物服装展示

图 5.63 服饰细节放大

图 5.64 其中一支系服装的图解

图 5.65 银饰详解

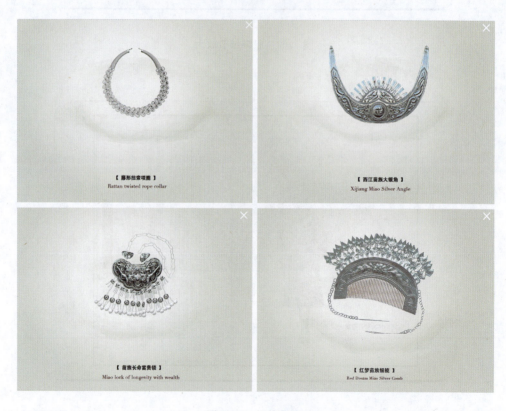

图 5.66 银饰展示

图 5.67　银饰制作工艺

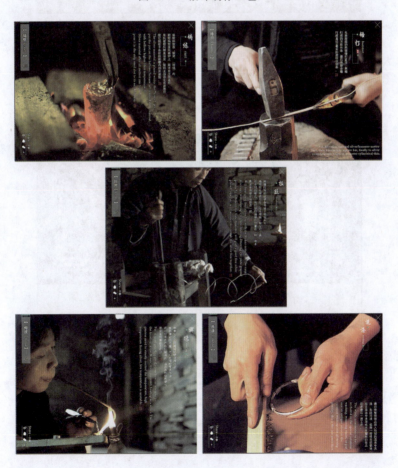

图 5.68　银饰加工工艺详解

第5章　设计实践

图 5.69 刺绣工艺

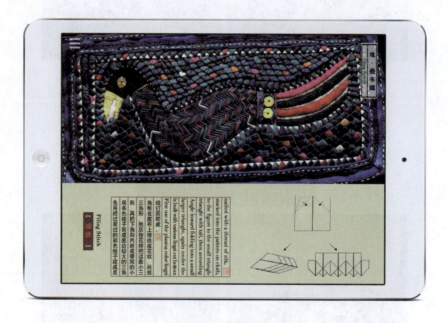

图 5.70 堆绣的详细讲解

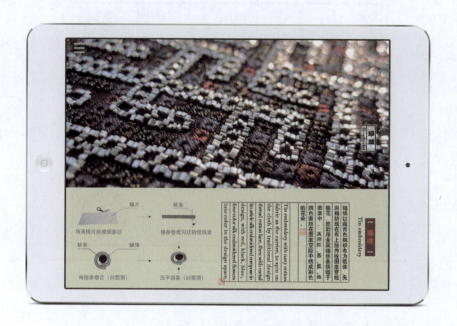

图 5.71　锡绣的详细讲解

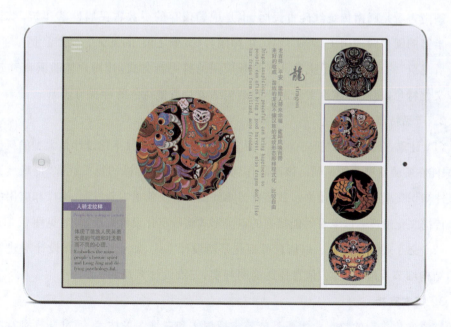

图 5.72　4 种图腾"龙"的详解

第5章　设计实践

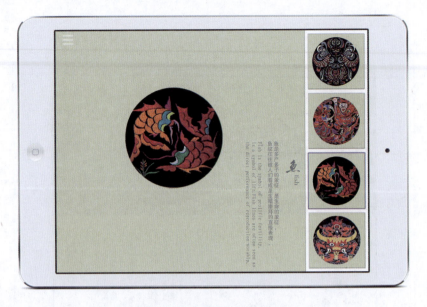

图 5.73　图腾"鱼"的详解

5.2.3　闽南古厝建筑结构数字化展示

1. 产品简介

闽南古厝是闽南传统红砖古民居,也是中国仅存的少数古民居群落建筑,承载着十分丰富的闽台两地历史、人文信息,堪称闽台"文源之根"的见证。此产品是基于"闽南古厝建筑"的 Android 手机及 iOS 平板应用的跨平台方式,让用户体验闽南建筑构造和文化特色,实现对建筑文化遗产的结构细节及造型特色的再现与还原。

2. 产品特点

(1) 注重古厝文化的"横向普及"。很多建筑文化遗产的数字化设计是大型的科研项目,只能在实验室里才能见到。该产品作为建筑文化大众传播的物质载体,将隐性文化和显性知识交融互生呈现出来。数字化传承的横向普及就是本着发展、推广和应用的观念来传扬文化遗产。以老百姓能接受的审美形式将数字化设计广泛推广(见图 5.74)。

(2) 交互式阅读体验。以信息可视化平面设计方式,加上三维仿真设计对建筑遗产的结构细节及造型还原,信息传达简明朴实,三维设计客观真实。

3. 技术支持

物质文化遗产的数字化主要是依赖虚拟现实和三维图形技术,通过计算机对古代建筑、遗址、文物等进行复制、仿真、展示和保存,给予用户真实空间的体验,具有互动性和游戏化的特点,对于传承建筑文化有着重要的现实意义和实践价值(图 5.75)。

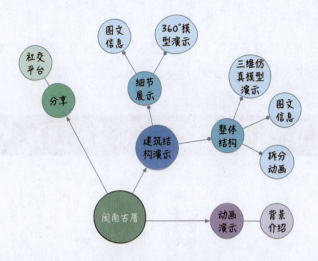

图 5.74 产品结构图

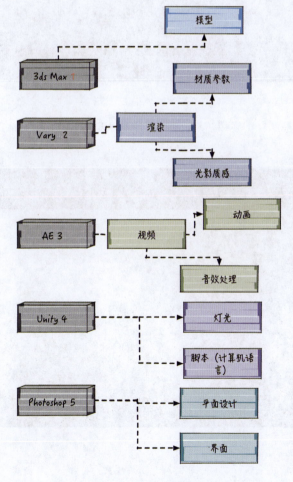

图 5.75 开发所用软件

第5章 设计实践

4. 产品体验

开机动画,介绍古厝的基本概况,并用信息可视化数据说明现今物质文化数字化保护现状,视觉效果以写意的水墨风为主(图5.76、图5.77)。

图5.76 水墨风格的动画片头

图5.77 动画片头

APP主页条理清晰地展示了应用的不同功能模块,右下方配有分享、声音、说明等按钮(图5.78、图5.79)。

图5.78　主页

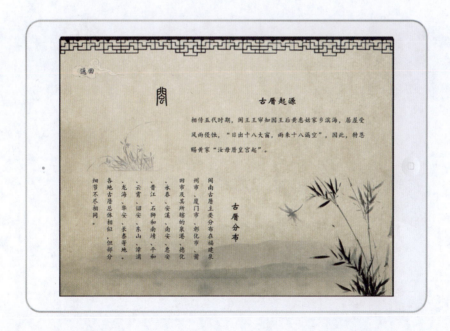

图5.79　图文信息可以让用户清晰了解闽南古厝的背景知识

交互媒体设计

　　建筑整体结构展示页提供各种不同的古厝结构形式,供用户学习欣赏。整体 3D 仿真模型可以 360°旋转提供给用户良好的交互体验(图 5.80、图 5.81)。

图 5.80　建筑整体展示

图 5.81　双击建筑的整体结构可以看到结构明晰的拆分动画

建筑各个部件及细节展示支持360°展示细节,用户可以近距离赏析建筑结构(图5.82、图5.83)。

图5.82 各种不同种类的部分结构展示页

图5.83 细节结构

5. 系列产品

福建土楼数字化展示设计(图5.84～图5.87)。

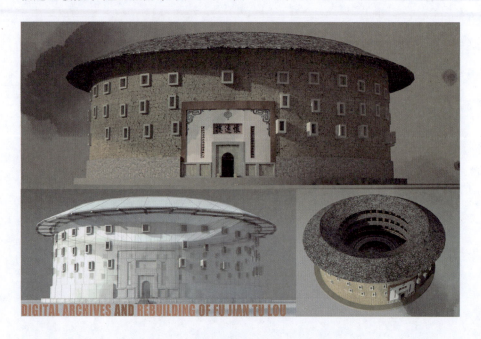

图5.84 福建怀远楼数字化展示设计

图5.85 三维仿真模式制作

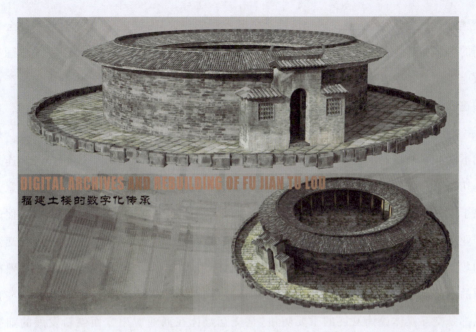

图 5.86　建筑结构拆分展示

图 5.87　俯视镜头展示

5.3　商业应用设计

2014年11月,李克强总理出席首届世界互联网大会时指出,互联网是大众创业、万众创新的新工具。2015年3月,全国两会上,全国人大代表马化腾提交了《关于以

"互联网+"为驱动,推进我国经济社会创新发展的建议》的议案,提出了对经济社会创新的看法和建议。2015年3月5日上午,十二届全国人大三次会议上,李克强总理在政府工作报告中首次提出"互联网+"行动计划,预示包含交互设计在内的大信息产业的蓬勃发展时代到来。

"互联网+"是创新2.0下的互联网发展新形态、新业态,是知识社会创新2.0推动下的互联网形态演进及其催生的经济社会发展新形态。以互联网平台为基础,连接一切新生态,与各个领域进行跨界融合。而这种融合又并非简单的物理相加,其意义在于使信息和数据真正流动起来,从而产生巨大的生产力,通过打破信息不对称,促进产业跨界升级,驱动传统产业在业态和运行模式上"进化",创造更加高效、便利、交互的数字体验环境。近年来,"互联网+"已经改造及影响了多个行业,当前大众耳熟能详的电子商务、在线旅游、在线影视、在线房产等行业都是"互联网+"的杰作。这些背景都是交互媒体设计发展的重要契机,是交互媒体在商业应用方面创新发展的前提条件。

5.3.1 乐居3D——家居家具演示交互系统

1. 项目介绍

乐居3D是集家具展示、家居设计、网络销售一站式完成的交互系统,探索家居行业新的消费模式、定制化设计方法和技术实现手段。

(1) 建立品牌家具的网络化、三维化。这套家装系统将建立海量家具数据库,每个家具及装饰品都有3D模型和展示动画,丰富纸质媒体和二维图像,这些数据具有跨终端操作系统平台数据协同运作的特点。

(2) 探索一种跨终端操作系统平台的操作、展示、选购的设计方法,建立家具购置与家居设计同步化设计。系统将家具购置和设计流程统一起来,所见即所得高效形成设计方案,待调试成熟后,还可以开放完全基于Web在线数据传输的展示、设计和购买,搭建数字化的营销平台。

(3) 顺应家居行业数字化生活的趋势。将数字化手段应用到传统实体行业,通过人机交互平台,加强用户、商家、代理商、设计师之间的信息流通。采用无纸化、无物化的图形图像形式的展示和销售方式,承载媒体由物质转向数字媒介,有效地降低店面铺货流量,减少物流成本及销售人员数量。

2. 产品结构图

乐居3D产品结构如图5.88所示。

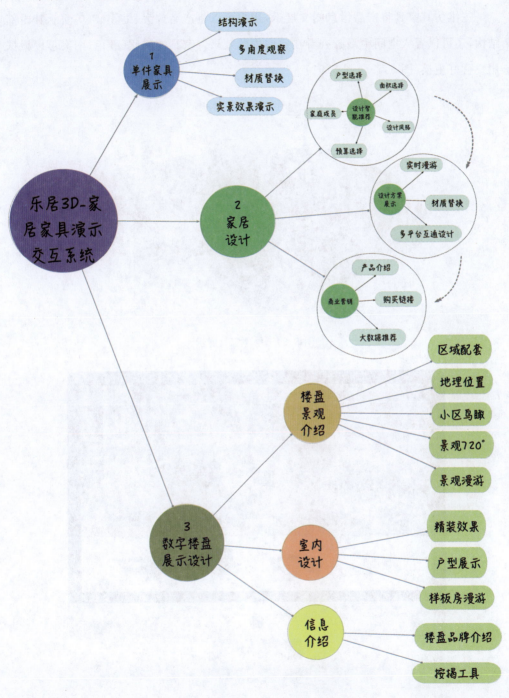

图5.88 乐居3D产品结构图

3. 功能介绍

1）单件家具 3D 演示

三维仿真家具将产品信息图文展示，用户可以将产品放大、缩小、360°演示其内部结构，还可以置入空间中漫游查看在室内中的效果。家具的材质、颜色、图案可以根据用户喜好更换（图 5.89～图 5.91）。

图 5.89　单件家具展示

图 5.90　单件家具在室内的效果展示

图 5.91　单件家具结构演示

2）家居设计

根据用户户型、房屋面积、预计经费、家庭成员结构、喜好风格，系统会智能地推荐相匹配的设计方案，之后用户可以调整细节。操作流程简约，软件会随时依据选项介绍挑选家具技巧（图 5.92、图 5.93）。

图 5.92　设计方案选项页面

将鼠标移至设计方案里的物品，左侧工具栏会出现相应的材质球，单击可以更换用户喜欢的材质（图 5.94）。乐居 3D 兼容 Windows、Mac OS、iOS、Android 各平台，可实现跨平台操作（图 5.95）。

图 5.93　设计方案

图 5.94　用户可更换物品的材质

3）数字楼盘设计

通过虚拟现实仿真技术将小区各楼盘实景呈现在演示系统中,用户无须去现场,即可漫步在三维场景中,以一个漫步者的真实的视觉角度观赏到楼盘周边和小区环

图 5.95　APP 可操作的平台

境。还可以由室外直接走进娱乐会所、样板房,亲身感受居室空间,真实生动。用数字化形式来展示房地产产品,对于吸引消费人群、推动楼盘营销、提升产品亲和力起到重要的作用(图 5.96～图 5.102)。

图 5.96　数字楼盘主页,显示各项功能,单击进入操作

第 5 章　设计实践

图 5.97　楼盘地理位置及周边环境介绍

图 5.98　楼盘鸟瞰图

图 5.99 楼盘景观

图 5.100 样板间户型展示

图 5.101　样板间不同风格的设计展示 1

图 5.102　样板间不同风格的设计展示 2

5.3.2　衣范儿——试衣搭配应用平台

1. 市场背景

随着信息化技术对电子商务产品影响的深化，服饰网络购物这一全新消费模式也应运而生。目前，在线购衣款式、尺码是否合适，材质效果是否让人满意等问题给消费者造成了困扰,形成部分消费者线下试衣,线上购衣的现象。因此,2D/3D 在线试衣相关线上应用的出现,可以满足消费者差异化的体验需求,又能为服装电商带来新的价值契机。

2. 用户需求

受众希望拥有"真人试衣"这样省时省力又能降低网络购衣风险的便捷服务。受众也有掌握最新潮流趋势,及时筛选出有效信息的诉求,以此提升自己的时尚度,从而带动自己社交的软实力。服装作为高度个性化的商品,消费者希望时尚团队为自己量身打造造型,着装风格能从千篇一律的网络爆款中脱颖而出,拥有专属自己的形象设计的定制化服务。

3. 目标用户

18~30 岁经常使用移动端 APP 网购的女性为该应用的主要目标用户。特别是喜欢追求新鲜体验的女性,热衷网上购物,时尚敏感程度相对较高的大学生、白领、商务、休闲、宅一族等。

4. 产品概念

综合造型师、时尚编辑和服装设计师的专业团队,为用户提供最新潮流信息,并针对用户智能筛选;给予专业的着装建议和搭配技巧;并通过三维虚拟试衣技术,模拟着装效果,完善用户的想象空间,优化购物体验。同时,通过受众群体服饰文化的分享与传播,形成服饰交流平台,为用户在社交网络形成良好的"社交互动",从而提升社交软实力。

5. 产品核心

产品核心如图 5.103 所示。

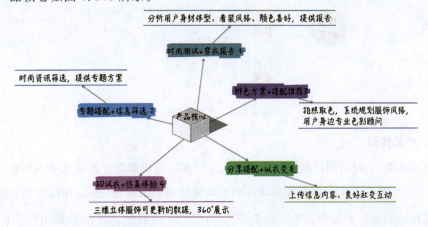

图 5.103 产品核心示意图

6. 产品结构图

产品结构如图 5.104 所示。

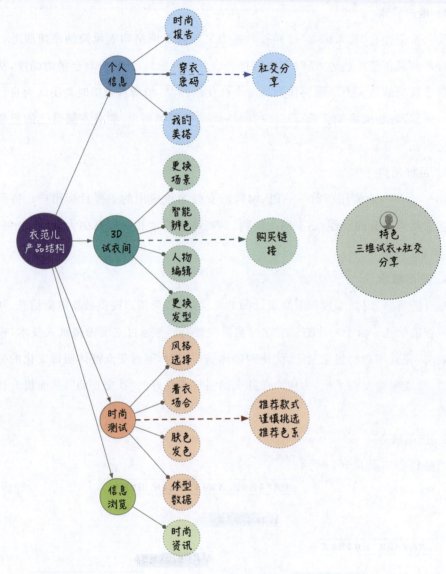

图 5.104 产品结构图

7. 产品体验

产品功能 1：时尚测评推荐。用户进入主界面后可依据自身要求选择体型相关的信息（图 5.105、图 5.106）；自主选择喜好的着装风格和出席场合（图 5.107、图 5.108）；选择接近自己的肤色和发型（图 5.109、图 5.110）；应用根据这些信息得出用户的个性化时尚搭配报告（图 5.111～图 5.114）。

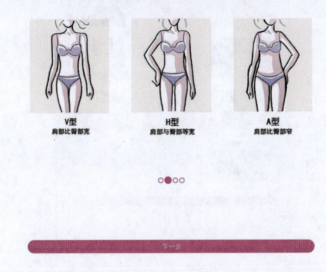

图 5.105　时尚测试：用户输入身高体重、选择与自己相似的身材

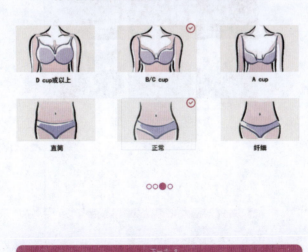

图 5.106　用户选择形体参数的对照图片

图 5.107　时尚测试第二步：风格选择

图 5.108　时尚测试第三步：用户选择着装场合

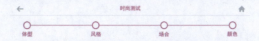

图 5.109　时尚测试第四步：选择接近发色

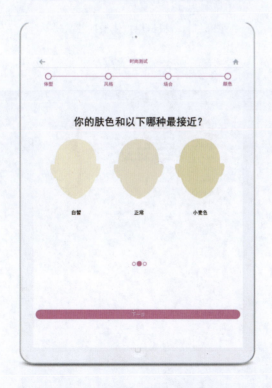

图 5.110　用户选择接近的肤色

图 5.111　根据用户体型推荐款式

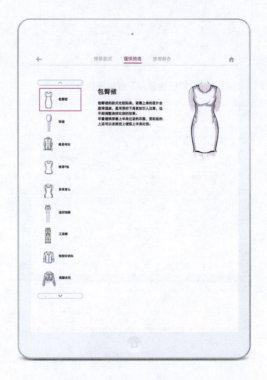

图 5.112　依据形体特征提供的用户自主挑选信息

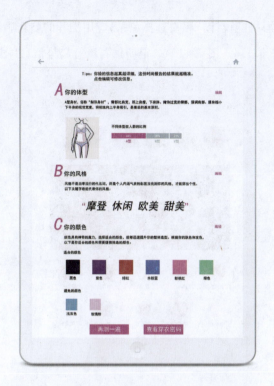

图 5.113　依据用户的信息,系统生成测试报告

图 5.114　推荐色彩方案与个性化色系

第5章　设计实践

产品功能2：色彩搭配设计。用户选择色系，应用推荐的整套服饰搭配，可链接到购买网站，单击购买(图5.115～图5.119)。定期推荐流行趋势信息(图5.119、图5.120)。

图5.115　识色页面

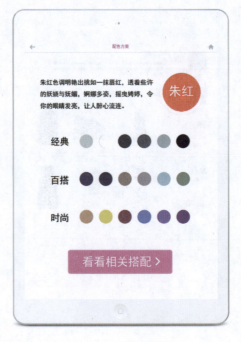

图5.116　色彩推荐

图 5.117　色彩搭配

图 5.118　单品链接及组合推荐

第5章　设计实践

图 5.119　流行资讯

图 5.120　选衣内页，推荐服装可链接到购买网页

产品功能3：3D试衣。此项功能开发并不完善，人物的视觉效果还有待提升，但3D试衣是以后服饰网络购物的趋势之一，更能满足用户个性化的要求（图5.121～图5.124）。

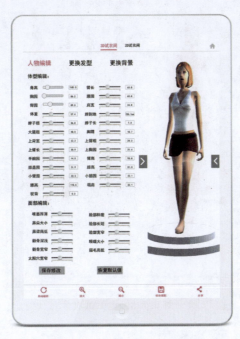

图5.121　定制3D人物模型

图5.122　更换着装场景

图 5.123　虚拟试衣

图 5.124　着装展示及搭配信息

8. 竞品分析

1)优衣库 4D 试衣间

通过输入自己的身高、体重、肩宽、三围、上臂围、腿围、腿长以及罩杯等数据,塑造出接近本人身材的人体模型,还可以 360°自由旋转,试穿效果比较直观。衣服的褶皱感和垂坠感自然,不会感到僵硬虚假,贴近真实试衣效果。

优点:这款产品注重线下产品与线上体验契合,网络试衣与实体店的商品形成良好的服务链,为客户提供更优质的服务。

不足:不能调节虚拟人物的肤色和发型,也无法将用户真实的头像置入,所以试穿效果仍和真实有一些差距,而且在试衣间的页面不能直观看到商品信息,用户体验不够方便。因为受优衣库自身品牌风格限制,用户对于衣服的风格、款式、搭配的选择不够丰富多样。

主页即进入模型页面,可任意通过身高、体重、三围等数据调整模拟人物模型(图 5.125),用户可选择优衣库的服装到模型试装,满意后可直接单击链接购买网页(图 5.126～图 5.128)。

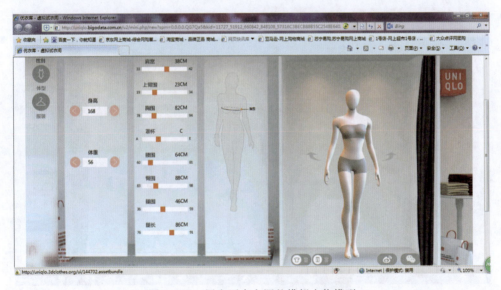

图 5.125　用户可自主调整模拟人物模型

2) 2D 试衣间

一个可以按气温、场合以及风格快速为用户推荐组合搭配的智能衣柜。

优势:可以根据用户不同要求,快速生成相应搭配推荐。

不足:不支持用户自己上传数据,仅提供几位固定模特,实用性不强,距离模拟试衣的真实性仍存在较大差距(图 5.129～图 5.132)。

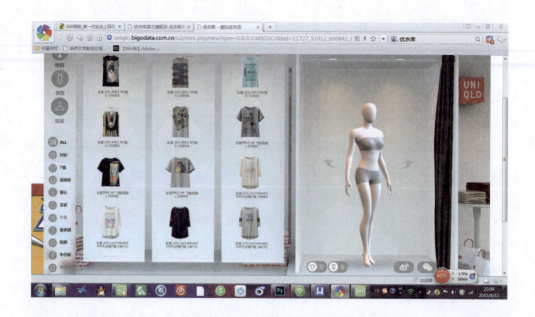

图 5.126　模拟试衣界面

图 5.127　商品的基本信息展示,单击进入购买链接

信息化技术为用户提供的个性化服务和体验是当下产品开发的重点。但由于 3D 技术的壁垒,很多产品中的人物模型和服饰失真。服饰选购是需要以商家搭建的数据库作为线上消费的支撑,这也需要海量产品的积累。所以,虚拟试衣在如何能将虚拟与现实的差距降到最小,提升用户体验方面还有很长一段路要走。

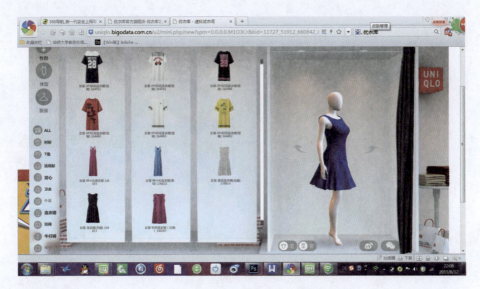

图 5.128　单击试穿后,支持 360°旋转展示

图 5.129　用户可自由切换,单击会出现一系列全新搭配

图 5.130　模特的换装效果

第5章　设计实践

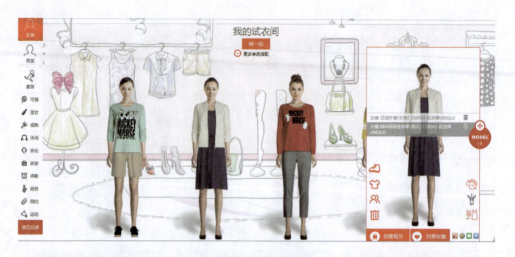

图 5.131　服饰的基本信息

图 5.132　衣服信息中用户可选择其他颜色

图书资源支持

感谢您一直以来对清华版图书的支持和爱护。为了配合本书的使用,本书提供配套的素材,有需求的用户请到清华大学出版社主页(http://www.tup.com.cn)上查询和下载,也可以拨打电话或发送电子邮件咨询。

如果您在使用本书的过程中遇到了什么问题,或者有相关图书出版计划,也请您发邮件告诉我们,以便我们更好地为您服务。

我们的联系方式:

地　　址:北京海淀区双清路学研大厦 A 座 707

邮　　编:100084

电　　话:010-62770175-4604

资源下载:http://www.tup.com.cn

电子邮件:weijj@tup.tsinghua.edu.cn

QQ:883604(请写明您的单位和姓名)

扫一扫
资源下载、样书申请
新书推荐、技术交流

用微信扫一扫右边的二维码,即可关注清华大学出版社公众号"书圈"。